Der unbekannte Gott

Der unbekannte Gott

Die Suche nach innerer Erfüllung

Alister McGrath

Steyler Verlag
Edition Anker
St. Gabriel

Titel der Originalausgabe: *The Unknown God. Searching for spiritual fulfilment*, zuerst erschienen bei Lion Publishing plc, Oxford

Für die deutschsprachige Ausgabe

Aus dem Englischen von Michael Strand und Wolfgang Astelbauer
Umschlagfoto: Wim van der Kallen
Umschlaggestaltung: Brigitte Schwaiger
Diese Ausgabe erscheint in Koproduktion mit
der Edition Anker, Stuttgart, und dem Steyler Verlag, Nettetal
ISBN 3-85264-589-1 (Verlag St. Gabriel)
ISBN 3-7675-1202-5 (Edition Anker)
ISBN 3-8050-0507-5 (Steyler Verlag)
Printed in Spain

Inhalt

1 Hunger der Seele

Ein bekannter Philosoph sagte einmal: Erst wenn die Menschen genug zu essen haben, wenden sie sich großen Gedanken zu. Seine Überlegung ist ganz einfach. Ehe man ernsthaft

philosophieren kann, muss das eigene Überleben gesichert sein. Eine der Eigenheiten des menschlichen Denkens aber ist, dass es sich oft um das Thema der Leere dreht. Sobald der körperliche Hunger gestillt ist, macht sich ein tieferes Verlangen bemerkbar: die Sehnsucht nach etwas, das wirklich befriedigt.

Was aber befriedigt uns wirklich? Für einige liegt die Antwort in ihren Leistungen – darin, etwas von Bedeutung zu tun, das Gefühl haben zu können, etwas vollbracht zu haben. Für andere sind es persönliche Beziehungen: Wahrhaft erfüllend sind für sie nur Beziehungen zu Menschen, die ihnen wichtig sind. Doch wie immer wir »Erfüllung« oder »Befriedigung« definieren, es bleibt die simple Tatsache, dass sie das ist, was für viele das Leben erst lebenswert macht.

Viele Menschen haben das Gefühl, dass ihnen bisher jegliche Art von Erfüllung oder Befriedigung verwehrt geblieben ist. »Was es auch sein mag, das wahrhaft und tief befriedigt, ich muss es erst finden.« Für einige ist es etwas, das dem Menschen ewig unzugänglich sein wird. So manches, was Erfüllung zu verheißen scheint, enttäuscht letztendlich. Plato, vielleicht der größte unter den klassischen griechischen Philosophen, sagte, die menschliche Natur sei wie ein undichter Krug, der auszurinnen beginnt, noch ehe er voll ist. Wenn es etwas gibt, das wahrhaft und tief befriedigen kann, ist es für viele etwas Unbekanntes, Rätselhaftes und Geheimnisvolles. Wir wechseln von einer Sache und einem Ort zum nächsten und verweilen gerade lang genug, um zu entdecken, dass es nicht das ist, was wir erhofft haben – und setzen die Suche nach Befriedigung fort. Die große Gewissheit unserer Zeit scheint zu sein, dass nirgendwo Erfüllung zu finden ist. Wir ziehen umher, suchen und finden nichts, sehnen uns und werden nicht befriedigt.

Was wir zu finden erwarten, ist so oft um vieles besser als das, was wir tatsächlich vorfinden.

Man sagt oft, das Streben nach Glück sei ein grundlegendes Menschenrecht. Doch ebendieses Glück erweist sich als erstaunlich schwer fassbar. Wer aktiv nach Glück strebt, entdeckt oft, dass es ihm durch die Finger rinnt. Es ist ein Ideal, das sich leicht in Worte fassen lässt und dennoch außer Reichweite zu sein scheint. Wir haben uns längst daran gewöhnt, dass die reichsten Menschen oft auch die unglücklichsten sind,

DER ANTIQUITÄTENHÄNDLER
Heinrich Ede (1819–1885)

sehen aber nicht die Ironie, die darin liegt.

Vielleicht ist es einfach eines der traurigen Paradoxa des Menschseins. Möglicherweise müssen wir uns mit der Tatsache vertraut machen, dass wir auf unserer Suche nach Glück immer scheitern werden. Zur grausamen Ironie der menschlichen Existenz scheint auch zu gehören, dass die Dinge, von denen wir glaubten, dass sie uns glücklich machen würden, es nicht tun. »Hoffnungsvoll unterwegs zu sein ist besser als anzukommen« (Robert Louis Stevenson). Warum? Weil die Vorfreude auf das, was wir zu finden hoffen, oft um vieles besser ist als das, was wir am Ende tatsächlich vorfinden. Wenn die Dinge so liegen, sollten wir uns besser daran gewöhnen. Es scheint wenig Zweck zu haben, ewig auf Besseres zu hoffen, wenn wir in der Vergangenheit so oft enttäuscht worden sind.

Vielleicht. Man könnte diese grundlegende menschliche

So, ja so ist der menschliche Geist, er ist so blind als träge, so schimpflich wie unanständig, er will verborgen bleiben, er will aber nicht, dass ihm etwas verborgen bleibt. Und das wird ihm vergolten, indem er vor der Wahrheit nicht verborgen bleibt, die Wahrheit aber sich vor ihm verbirgt. Und trotzdem will er sich in seinem Elend immer noch lieber am Wahren als am Falschen freuen. Selig also wird er erst dann sein können, wenn er, ohne Fesseln und Verdruss, an ihr, der einzigen Wahrheit, sich freuen wird, durch die alles wahr ist.
AUGUSTINUS, *BEKENNTNISSE* X,23

Erfahrung aber auch anders sehen. Vielleicht versucht sie ja, uns etwas zu sagen. Vielleicht weist sie auf etwas hin – etwas, das wir noch nicht wissen, das sich aber in dem andeutet, was wir wissen. Es scheint, als gäbe es etwas außerhalb von uns, das uns insgeheim in seinen Bann zieht. Möglicherweise liegt jenseits des Horizonts unserer Erfahrung eine neue Welt, die wir nur aus Andeutungen und Gerüchten kennen. Es ist wie am Meer zu leben und hin und wieder am Strand ein paar seltsame Pflanzen angeschwemmt zu finden – ein Zeichen, dass es etwas jenseits unseres Horizonts gibt, das wir erst entdecken müssen.

Angenommen, unsere Sehnsucht deutet auf etwas hin, das wir erst entdecken müssen. Was, wenn unser Suchen ein Hinweis auf den Sinn des Universums ist?

Angenommen, unsere Sehnsucht deutet auf etwas hin, das wir erst erkennen müssen – auf etwas, das uns dann wirklich befriedigt? Was, wenn unser Suchen ein Hinweis auf den Sinn

Die Kunst verschafft uns manchmal ... Erleuchtungen, die sich durch rationales Denken nicht herbeiführen lassen.
Es ist wie mit dem kleinen Spiegel aus dem Märchen – man blickt hinein, doch was man sieht, ist nicht man selbst; für einen Augenblick erhascht man einen Blick auf das Unerreichbare, wohin kein Pferd oder kein fliegender Teppich einen bringen kann. Und die Seele schreit auf danach ...
ALEXANDER SOLSCHENIZYN, *EIN WORT DER WAHRHEIT*

des Universums ist? Was, wenn unser Gefühl von Leere wie ein Schild ist, das in eine bestimmte Richtung zeigt? Was, wenn es darum ginge, erst herauszufinden, in welche Richtung es geht und was uns dort erwartet?

Dieses Buch erforscht das Thema der menschlichen Sehnsucht und worauf sie verweist. Zunächst werde ich ein wenig näher auf diese Sehnsucht eingehen.

Auf der Suche nach dem Land der Träume

2

Im tiefsten Inneren sehnen sich viele von uns nach etwas von wirklichem Wert. Wir suchen nach etwas, das wirklich von Bedeutung ist. Etwas in ihrer Natur bringt die Menschen anscheinend dazu, sich nach etwas zu sehnen, was ihr Leben verändert. Während vielen der Gedanke an den Tod zu schaffen macht, treibt andere eine viel tiefere Angst um – dass wir sterben könnten, ohne je gelebt zu haben.

Der große römische Politiker Marcus Tullius Cicero schrieb einmal, er wünsche sich, dass wir alle jung sterben könnten. Warum? Weil wir dann nicht mehr erleben müssten, wie unsere Hoffnungen und Ideale an der harten Realität zerbrechen. So oft lösen sich unsere Träume in nichts auf. Man hat uns gesagt, der Erste Weltkrieg werde der Krieg sein, der allen Kriegen ein Ende macht. Traurigerweise kam es anders. Starke Worte, aber leere Worte. Wenn wir einen Menschen auf den Mond schicken können, wurde uns gesagt, können wir fast alles erreichen. Trotzdem sind Armut, Krankheit und Krieg nach wie vor große Probleme.

Viele junge Leute träumen von einer Welt, in der Ausbildung und eine gerechte Verteilung des Reichtums Armut,

Krankheit und Krieg beseitigen. Einer der Gründe dafür, dass der Marxismus in den Sechzigerjahren so viele junge Menschen ansprach, war seine Vision einer Gesellschaft, die frei ist von allem Schmerz und allen Übeln der Gegenwart. Diese Vision gab Hoffnung für die Zukunft. Zudem verhieß sie all jenen einen Platz in der Geschichte, die die Revolution herbeiführen würden, um dieses neue Zeitalter einzuläuten. Trotzdem zerbrach der Traum, als allmählich klar wurde, dass er auf Illusionen und Verzerrungen beruhte.

Protestsongs bringen solche großen Hoffnungen häufig zum Ausdruck und sprechen von einem Ende menschlichen Unglücks. Doch viele der Liederschreiber blicken später mit mehr Lebenserfahrung zurück und fragen sich, wie sie in ihrer Jugend so naiv sein konnten. Sie verbringen die zweite Hälfte ihres Lebens damit, die erste Hälfte zu vergessen, zu verleugnen oder wegzuerklären. »Wir waren damals jung, und alles schien so real und zum Greifen nahe. Heute wirkt es nur mehr hoffnungslos idealistisch und wirklichkeitsfremd.« Oft zeigt sich deutlicher Zynismus. »Damals war ich naiv. Jetzt bin ich aus all dem rausgewachsen.«

Während vielen der Gedanke an den Tod zu schaffen macht, treibt andere eine viel tiefere Angst um – dass wir sterben könnten, ohne je gelebt zu haben.

Die Hoffnung aber, die Sehnsucht, etwas Wertvolles zu tun, war real. Sie richtete sich nur offenbar auf etwas, das letztlich nicht trug. Nicht die Hoffnung oder die Sehnsucht waren verfehlt, sondern die Ziele. Die Erfahrung scheint uns zu lehren, dass wir jedes Mal, wenn wir uns etwas wünschen, enttäuscht werden. Wenn man es zulässt, kann das sehr leicht zu Zynismus führen. »Es hat keinen Sinn, sich nach etwas zu sehnen, etwas wichtig zu nehmen, zu erhoffen – man ist am Ende doch nur verletzt und enttäuscht.«

Ich wünschte, jemand hätte mir gesagt: Wenn du an die Spitze kommst, ist dort nichts.

In anderen Bereichen des Lebens kann man dieses Gefühl der Hoffnungslosigkeit oft beobachten. Viele von uns wissen von ehrgeizigen Menschen, die es sich zum Ziel gesetzt haben, ganz nach oben zu gelangen. Das ist meist mit enormen Opfern verbunden – Überstunden, wenig Zeit für Familie und Freunde. Schließlich, meist spät im Leben, erreichen sie ihr Ziel. Zuerst verleiht ihnen das eine gewaltige Genugtuung und ein starkes Hochgefühl: »Ich hab's geschafft!« Aber irgendwie scheint dieses Gefühl dann einer anderen Empfindung Platz zu machen. »War es das wert?« Ein sehr bekannter Autor wurde einmal gefragt: »Was hätte man Ihnen schon mit sechzehn sagen sollen, von dem Sie heute wissen, dass es wahr ist?« Seine Antwort: »Ich wünschte, jemand hätte mir gesagt: Wenn du an die Spitze kommst, ist dort nichts.« Wieder verspüren wir dieses Gefühl der Leere, und das umso schmerzlicher, als wir etwas zu finden hofften, das uns endlich Erfüllung bietet.

Oft scheint es, als wären wir Pioniere auf der Suche nach einem Gelobten Land, wo Milch und Honig fließen. Die Vorfreude darauf hält uns aufrecht. Wir überqueren Berge und hoffen, das Gelobte Land zu sehen, das sich vor uns erstreckt und uns einlädt, es in Besitz zu nehmen. Stattdessen erklimmen wir Berge, nur um zu entdecken, dass dahinter noch weitere liegen. Wir haben noch einen langen Weg vor uns. Die Aufnahme ins Paradies scheint fürs Erste aufgeschoben.

DAS PARADIES
Aus einem Buch über die Sieben Weltwunder

Seit jeher war diese Sehnsucht nach etwas Magischem, Erfüllendem und Befriedigendem Thema der Literatur. Das biblische Motiv des Gartens Eden wird oft als Bild eines friedlichen Paradieses verstanden, in dem die menschlichen Sehnsüchte Erfüllung finden. Dieses Bild kann die Form einer tropischen Insel annehmen, an deren prächtig goldenen Stränden sich der warme blaue Ozean bricht, wo die Luft klar und rein ist und alle menschlichen Probleme vergessen sind. Eine äußerst reizvolle Vision, aber für die meisten von uns nicht mehr als ein Traum, der leicht als Versuch abgetan wird, sich über die graue und schäbige Tristesse des eigenen Lebens hinwegzutrösten.

Und doch lässt uns eine Frage keine Ruhe: Können wir diese menschliche Sehnsucht nach etwas, das offenbar jenseits unserer selbst liegt, als eine – wenn auch schöne – Illusion abtun, die uns nur von der harten Realität ablenkt? Oder könnte diese Sehnsucht ein Wegweiser sein, der uns ins Gelobte Land führt?

So muss es sein – trefflich gefolgert, Plato! –
Woher denn sonst die Hoffnung, das Verlangen,
Das inn're Sehnen nach Unsterblichkeit?
Oder woher die insgeheime Furcht,
Das Grauen vor dem Nichts? Was schrickt die Seele
Denn zurück und fürchtet dieVernichtung?
Es ist die Gottheit, die sich in uns rührt,
Der Himmel selbst, der uns ein Jenseits weist,
Und Ewigkeit den Menschen ahnen lässt.
JOSEPH ADDISON, *CATO*, *V.I.1*

3 Die grosse Projektionstheorie

Unser starkes Gefühl, dass »da noch etwas sein muss«, könnte tatsächlich ein Hinweis auf etwas Größeres sein: Es könnte uns den Weg zu einer Tür weisen, die, einmal aufgestoßen, zur Erfüllung führt. Oder es könnte ein verlockender Blick auf etwas sein, das nie war und auch nie sein wird. Es könnte wie bei einem Jungen sein, der sich zu seinem elften Geburtstag ein Fahrrad wünscht und stattdessen eine Werkausgabe

von Kierkegaard im dänischen Original bekommt. In der Nacht darauf träumt er davon, das tollste Rad auf der Welt zu besitzen und damit zu fahren. Es ist ein Traum, und noch während er träumt, weiß er, dass es nur ein Traum ist – aber es ist ein Traum, der ihn, anders als der gesammelte Kierkegaard, mit Freude und Befriedigung erfüllt.

Es wird immer den Verdacht geben, dass wir unsere Wünsche und Sehnsüchte nach außen projizieren und ihnen so eine Realität verleihen, die sie nicht haben und auch nicht haben sollten. Manche würden sagen, die Sehnsucht nach Unsterblichkeit lässt uns die Vorstellung von einem ewigen Leben erfinden, genauso wie die Sehnsucht nach Sinn uns dazu bringt, dass wir uns einen Gott ausdenken. Diese Vor-

stellungen werden als Versuch einer Selbsttröstung gesehen, als Droge, die wir uns geschaffen haben, um unseren Schmerz zu lindern. Sie sind etwas, wonach wir uns sehnen – und erlaubt uns dieser Umstand nicht schon, sie wieder wegzuerklären? Das ist die große Projektionstheorie, die behauptet, dass wir unsere Hoffnungen und Sehnsüchte gern auf eine Art übernatürliche Leinwand projizieren und glauben, das Ergebnis sei so real wie die Welt der Vernunft und Erfahrung.

Es stimmt, dass etwas noch längst nicht wahr oder wirklich ist, bloß weil man sich danach sehnt. Wir können uns zum Beispiel leicht die Lage einer Frau ausmalen, die sich in den großen Wüsten von New Mexico oder in der Sahara verirrt hat. Während sie mühsam und langsam den Weg zurück in die Zivilisation sucht, spürt sie den Durst immer stärker. Sie lechzt nach Wasser. Während sie sich über den kargen Boden schleppt, hält sie verzweifelt nach Wasser Ausschau, das ihre aufgesprungenen Lippen kühlen und ihr neue Kraft geben könnte. Vielleicht findet sie doch noch eine Oase oder eine Quelle mit kristallklarem Wasser, das aus den lebenden Felsen der Wüste sprudelt. Freilich ist die Hef-

Wenn das Staunen den Menschen verlassen hat, ist er tot. Aufs Ganze gesehen ist das kostbarste Element des Lebens das Staunen. Liebe ist ein großes Gefühl, und Macht ist Macht. Liebe wie Macht aber gehen vom Staunen aus. [...] Das Bewusstsein von Pflanzen, Insekten und Tieren verbindet ein bleibendes Element, das wir das religiöse Element allen Lebens nennen können, selbst bei einem Floh: das Gefühl des Staunens. Das ist unser sechster Sinn. Und es ist der angeborene religiöse Sinn.
D. H. LAWRENCE, *DER PHÖNIX*

tigkeit ihres Verlangens keine Gewähr dafür, dass sie auch Wasser findet. Ob es überhaupt welches zu finden gibt, hat wiederum nichts damit zu tun, was sie empfindet. Das Verlangen nach Wasser heißt nicht, dass auch Wasser da ist.

Dieses Argument kann aber ernsthaft in die Irre führen. Man könnte ja leicht denken, dass sich kein Wasser finden lässt, gerade weil diese Frau danach lechzt. Der Umstand, dass sie sich nach Wasser sehnt, könnte als Beweis dafür genommen werden, dass es gar kein Wasser gibt. Genauso wird jede Sehnsucht für illusorisch erklärt und damit denen, die sie empfinden, das Herz gebrochen. Wenn es kein Wasser gibt, sind die, die danach lechzen, zu Enttäuschung und Bitterkeit verdammt.

Die große Projektionstheorie argumentiert, dass jeder, der an Gott glaubt, irregeleitet ist, weil nämlich gar kein Gott existiert.

Aber warum sollte es just deshalb kein Wasser geben, weil es uns danach verlangt? Ob in der Wüste Wasser ist, hängt einzig und allein davon ab, ob in der Wüste Wasser ist. Wir können uns nach diesem Wasser sehnen, oder es kann uns völlig gleichgültig sein. Unsere Einstellung zum Wasser hat keinen Einfluss darauf, ob es existiert. Stellen Sie sich einen Wassertümpel in dieser Wüste vor. Sollen wir denn glauben, der Tümpel verschwindet, wenn jemand zugibt, dass er durstig ist? Oder dass es ihn dann von vornherein nicht geben könnte?

Am Anfang dieses Arguments stand die Behauptung, dass nichts existiert, nur weil wir gern hätten, dass es existiert. Das ist wahr. Die Existenz unserer durstigen Wüstenwanderin bedeutet nicht, dass es auch Wassertümpel geben muss, um ihren Durst zu stillen. Doch das Argument wird bald bedrohlicher und verliert den Bezug zur Realität. Es versteigt sich zur Behauptung, dass etwas nicht existieren kann, sobald wir wollen, dass es existiert. Mein Empfinden von Durst bedeutet nicht, dass Wasser in der Nähe ist. Dennoch verweist es mit Sicherheit darauf, dass ich Wasser brauche, wenn ich überleben will. Ist Durst nicht ein natürliches Zeichen unseres Bedürfnisses nach Wasser und Hunger ein natürliches Zeichen unseres Bedürfnisses nach Nahrung? Könnte also unsere Sehnsucht nach etwas Tiefem und Erfüllendem nicht auch das natürliche Zeichen eines realen menschlichen Bedürfnisses sein – und ein Zeichen, dass es etwas gibt, was dieses Bedürfnis befriedigen kann?

Obwohl wir das Thema bisher vermieden haben, bezog sich das Argument eigentlich auf Gott. Die große Projektionstheorie argumentiert, dass jeder, der an Gott glaubt, irregeleitet ist, weil es gar keinen Gott gibt. Religiöse Vorstellungen sind »Illusionen, Erfüllungen der ältesten, stärksten, dringendsten Wünsche der Menschheit; das Geheimnis ihrer Stärke ist die Stärke dieser Wünsche« (Sigmund Freud). Wie sollen wir diesen Irrglauben also erklären? Wie können wir erklären, warum so viele Menschen an einen Gott glauben,

Atheismus ist genauso eine Glaubensfrage wie Christentum.

wenn es ganz einfach keinen gibt? Die Antwort liegt in unserer Neigung, Sehnsüchte nach außen zu projizieren und anzunehmen, dass sie auf Gott verweisen. Wir glauben an Gott, weil wir an Gott glauben wollen – doch in Wahrheit täuschen wir uns, weil es keinen Gott gibt, an den man glauben könnte. Uns gibt es wirklich, und unsere Gefühle gibt es wirklich; Gott ist einfach eine unzulässige und ungerechtfertigte Interpretation dieser Gefühle.

Aber die große Projektionstheorie ist ein zweischneidiges Schwert, das diejenigen, die es benutzen, ebenso sehr verletzen kann wie jene, gegen die es benutzt wird. Denn die Theorie droht zu viel zu beweisen – nämlich, dass alle unsere Überzeugungen auf heimlichen Wünschen beruhen. Wenn eine Überzeugung auf einer Sehnsucht beruht, so könnte man argumentieren, bezeugt der Glaube an Gott nichts weiter als unseren Wunsch, es möge einen Gott geben. Man könnte aber auch argumentieren, dass die Überzeugung, es gebe keinen Gott, eine ähnliche Grundlage hat – die Hoffnung und den Wunsch, dass dies tatsächlich so sei. Atheismus ist genauso eine Frage des Glaubens wie Christentum. Boris Pasternak, der Autor von *Doktor Schiwago*, meinte einmal: »Ich bin ein Atheist, der seinen Glauben verloren hat.« Könnten nicht die Grundannahmen des Atheismus von der Sehnsucht nach völliger Autonomie herrühren, der Sehnsucht, niemandem verpflichtet und durch nichts eingeschränkt zu sein?

Man kann sich leicht jemanden vorstellen, der vortreffliche Gründe haben könnte, nicht an einen Gott glauben zu wollen. Man denke etwa an den Kommandeur eines Exekutionskommandos während der stalinistischen Säuberungen der Dreißigerjahre oder an den Kommandanten eines Vernichtungslagers der Nazis im Zweiten Weltkrieg. Für so einen Menschen dürfte die Vorstellung von Gott etwas durchaus Bedrohliches haben. Angenommen, so ein Gott würde die Beteiligung an der Ermordung einer großen Zahl von Menschen absolut verwerflich finden und sich entschließen, ihn

Denn du zeigtest ja sogar noch in der elenden Unruhe der abfallenden Geister ... welch große vernünftige Schöpfung du erschaffen hast, Du unser Gott, erleuchtest unsere Finsternis: aus dir kommen unsere Lichtgewänder, unsre Nacht wird wie der helle Tag. Gib dich mir, mein Gott, gib dich mir zurück: wohlan, ich liebe, und wenn es zu wenig ist, will ich noch tiefer lieben. Ich kann nicht messen, um zu wissen, wie viel mir an Liebe fehlt, die genügt, damit sich mein Leben in deine Umarmungen stürzt und nicht mehr abgewendet wird, bis es geborgen ist in der Verborgenheit deines Anblicks. Nur das eine weiß ich, dass es mir ohne dich schlecht ergeht, nicht nur im Äußeren, nein, auch im Inneren, und dass mir aller Reichtum, der nicht mein Gott ist, zur Armut wird.
AUGUSTINUS, *BEKENNTNISSE* XIII, 8

DER HL. AUGUSTINUS
Simone Martini (1284–1344)

dafür zu bestrafen? Hätte dieser Mensch nicht einen sehr guten Grund zu hoffen, dass es keinen Gott gibt? Wenn man in diesem Leben der Vergeltung entkommen ist, hat die Hoffnung, ihr für immer entkommen zu sein, natürlich erhebliche Anziehungskraft.

Die große Projektionstheorie bietet also eine Erklärung für jede Art von religiöser Überzeugung – ob nun die von der Existenz oder die von der Nichtexistenz Gottes. Außerdem beruht sie auf einem fatalen logischen Fehler – der Behauptung, dass etwas nicht existieren kann, sobald wir uns wünschen, dass es existiert.

Aber da gibt es etwas, das wir noch nicht untersucht haben. Christlichem Glauben zufolge hat Gott die Menschen erschaffen. Was, wenn wir mit Gott in Verbindung treten sollen? Könnte es sein, dass uns das Gefühl der Leere und der mangelnden Erfüllung den Weg zu jemandem oder etwas weisen soll, der oder das die Leere füllen kann? Könnte Augustinus, der vielleicht größte christliche Autor der späten Antike, Recht gehabt haben, als er folgende Worte als Gebet niederschrieb: »Du hast uns für dich erschaffen, und unsere Herzen sind ruhelos, bis sie in dir zur Ruhe kommen«?

4 Platos Höhle

> *Hin und wieder weist unser Erdenleben über sich hinaus, auf etwas jenseits unseres Horizonts.*

Die menschliche Natur sehnt sich nach etwas von wirklichem Wert. Es herrscht Rastlosigkeit, Unzufriedenheit mit vielem, was wir wissen und erleben. Vielleicht liegt das in der Natur der Dinge, und wir müssen uns damit abfinden. Aber das ist nicht die einzige Erklärung. Was, wenn die Rastlosigkeit uns etwas suchen lassen soll, das wir noch nicht gefunden haben und das uns eine nie gekannte Ruhe und Gelassenheit geben würde? Unsere Sehnsucht nach dem Guten und Schönen ist real und kann sich doch oft an Dinge oder Erfahrungen heften, die sie enttäuschen.

Wenn wir für Größeres geschaffen wären als alles, was die Erde zu bieten hat, müssten wir zweierlei erwarten. Erstens zu entdecken, dass nichts Endliches oder von Menschenhand Geschaffenes uns je wirklich befriedigen kann. Denn wenn wir geschaffen wurden, um die Reichtümer des Himmels zu genießen, wie könnten wir je damit zufrieden sein, was die Erde uns zu bieten hat? Thomas von Kempen schrieb im 14. Jahrhundert, die Pracht der Welt verblasse im Licht solcher Gedanken.

Unsere Geburt, ein Schlaf nur und ein Vergessen,
Die Seel', die uns ersteht, des Lebens Stern,
Nimmt andernorts den Ausgang
Und kommt aus weiter Fern'.
Nicht gänzlich in Vergessenheit
Und nicht in völliger Nacktheit,
Als lichterfüllte Wolken ziehen wir
Von unserer Heimat, Gott, herfür:
Der Himmel umfängt uns in der Kinderzeit!
Des Kerkers Schatten schließen schon
Den jungen Knaben ein,
Doch sieht er noch das Licht und woher's
kommt,
Freut sich an seinem Schein.
Der Jüngling, der dem Osten täglich ferner,
Muss wandern, ist noch Priester der Natur,
Und des Lichtes heller Segen
Leitet ihn auf seinen Wegen.
Der Mann sodann, vom hellen Schein verlassen,
Sieht ihn im Licht des fahlen Tags verblassen.

Die Erde birgt in ihrem Schoß Genüsse,
Verlangen ihrer natürlich eignen Art,
Und fast wie eine gute Mutter,
Die gar nichts Böses will,
Tut die bescheidene Amme, was sie kann,
Damit ihr Stiefkind Mensch, der sie bewohnt,
Die Herrlichkeit vergisst, die er einst kannte,
Und auch das fürstlich Haus, woraus er stammt.

O Freude! Dass in unserer Glut
Es etwas gibt, das lebt,
Das die Natur noch weiß so gut,
Obwohl's so rasch vergeht! ...

Daher sehen heut' bei ruhigem Wetter,
So weit auf Festland wir auch seien,
Die Seelen unser auf die ew'ge See,
Die uns einst angespült,
Im Nu auch wieder fortspülen mag,
Und sehen die Kinder spielen am Strand,
Daran die mächt'gen Wasser ewig wogen an ...

William Wordsworth,
Andeutungen von Unsterblichkeit
in Erinnerungen aus früher Kinderzeit

Zweitens aber müssten wir erwarten, dass unser Erdenleben hin und wieder über sich selbst hinausweist, auf etwas jenseits unseres Horizonts. Wir können es vielleicht nicht sehen, aber es gibt genügend Hinweise auf sein Vorhandensein. Der Dichter William Wordsworth schrieb von einem Leben in den Grenzbereichen der Erfahrung in dem Wissen, dass es Dinge innerhalb unseres Erfahrungsbereichs gibt, die auf etwas außerhalb verweisen.

Wir leben also in Erwartung, nicht in Erfüllung. Erfahrungen, die wir auf Erden machen, sind Hinweise auf etwas Größeres, das erst kommt.

Wir leben also in Erwartung, nicht in Erfüllung. Erfahrungen, die wir auf Erden machen, können demnach als Hinweise auf etwas Größeres gesehen werden, das erst kommen wird. Wenn unsere wahre Bestimmung in einem Gut liegt, das nicht von dieser Welt ist, sollte man erwarten, in dieser Welt Hinweise darauf zu finden. Es wären nur Hinweise – doch sie wären wirklich und würden uns etwas von dem vermitteln, was so verlockend außerhalb unser selbst liegt.

Die überwältigende Freude, die mit dem Erreichen von etwas Wertvollem einhergeht, kann als Hinweis auf etwas noch Wunderbareres gesehen werden, das erst kommt. Auf der Erde ist eine solche Freude vergänglich, sie lässt so rasch nach, dass es für uns gleichermaßen erschreckend wie enttäuschend ist. Sie scheint so vergänglich und kurz. Würden wir um ihrer selbst willen nach solch irdischer Freude streben, wären wir zu Frustration und Bitterkeit verdammt. Aber was, wenn diese Freude nicht als etwas zu sehen ist, das festgehalten werden muss, ehe es wieder vergeht, sondern als Andeutung einer Freude, die wir erst erfahren werden, von etwas, das uns noch erwartet?

Die Freude, die wir auf Erden kennen, ist wie die Vorwegnahme von etwas Größerem. Es ist, als zöge jemand einen Vorhang beiseite und ließe uns einen Blick auf die wundervollste aller Welten werfen. Wir wünschen uns sehnlichst, diese Welt zu betreten und zu erforschen. Doch bevor wir Zeit hatten, ihre Wunder auch nur ansatzweise in uns aufzunehmen, wird der Vorhang wieder zugezogen, und wir verlieren sie aus den Augen. Wir haben sie noch nicht betreten, aber wir wissen, dass es sie gibt und dass sie uns erwartet. Die irdische Freude ist also eine Sehnsucht nach etwas, das wir noch nie erfahren haben, von dem wir aber fühlen, dass wir es, wenn auch flüchtig, bereits kennen gelernt haben.

Thomas von Aquin, vielleicht einer der größten Denker des Mittelalters, vertrat den Standpunkt, dass es eine Analogie zwischen Gott und der Welt gibt. Wenn Gott die Welt erschaffen hat, sollte man annehmen, dass sie ihm in irgendeiner Weise ähnlich ist. Genauso wie ein Künstler ein Bild signiert oder die Befindlichkeiten eines Komponisten sich in seiner Musik widerspiegeln, so findet die Natur Gottes ihren Widerschein in der Welt. Der Schöpfer spiegelt sich in seiner Schöpfung wider.

DER HL. THOMAS VON AQUIN LESEND
Fra Bartolomeo (1472–1517)

> Das Nachsinnen über Gottes Werke befähigt uns, ... über Gottes Weisheit nachzudenken und sie zu bewundern. Wir können also vom Nachdenken über Gottes Werke auf Gottes Weisheit schließen. Dies führt zur Bewunderung von Gottes überragender Macht und flößt den Herzen Ehrfurcht vor Gott ein. Auch veranlasst dieses Nachdenken die menschlichen Seelen, Gottes Güte zu lieben. Wenn die Güte, die Schönheit und das Wunder der Geschöpfe den menschlichen Geist so erfreuen, wird der Quell der Güte Gottes (im Vergleich zu den Tropfen von Güte in den Geschöpfen) den erregten menschlichen Geist unwiderstehlich anziehen.
> THOMAS VON AQUIN,
> *SUMMA CONTRA GENTILES*

Von Zeit zu Zeit mag dieses Abbild nur schwach und vielleicht etwas verzerrt sein. Aber was uns auf Erden begegnet, hat die Macht, über sich selbst hinauszuweisen auf etwas Herrliches und Befriedigendes. Es ist nur ein Symbol für die Dinge, die wahrhaft Befriedigung verschaffen werden und die – wie Wind und Mondlicht – nie eingefangen oder festgehalten werden können. Warum sollte man sich mit einem schwachen Abbild zufrieden geben, wenn das Eigentliche doch schon angedeutet und verheißen wurde?

Die Vorstellung, dass die gegenwärtige Welt nicht viel mehr ist als der Schatten von etwas Größerem, hat die abendländische Literatur von Anbeginn beschäftigt. Am bekanntesten ist vielleicht der Vergleich, den Plato zieht. Man stelle sich eine dunkle Höhle vor, in der eine Gruppe von Menschen von Geburt an gelebt hat. Sie kennen keine andere Welt. In der Höhle brennt ein Feuer, das ihnen Licht und Wärme spendet. Wenn die Flammen höher werden, werfen sie Schatten an die Wände. Für die, die in der Höhle leben, ist diese

Welt der flackernden Schatten alles, was sie kennen. Ihre Wahrnehmung der Wirklichkeit ist auf diese Welt beschränkt. Falls es eine Welt außerhalb der Höhle gibt, ist es eine, die sie nicht kennen und sich nicht vorstellen können. Ihr Horizont ist beschränkt und von Schatten und Zwielicht bestimmt.

Und nun stelle man sich vor, dass einer aus dieser Gruppe, die sich um das Feuer drängt, einen geheimen Weg aus der Höhle entdeckt. Unbemerkt vom Rest der Gruppe schleicht er sich davon. Wie er so die Winkel der Höhle erforscht, stößt er auf einen Gang, der im gewachsenen Fels verborgen und in der Dunkelheit nicht zu sehen ist. Er beginnt ihn zu erforschen, indem er sich langsam und tastend vorwärts und auf-

wärts bewegt. Schließlich tritt er in gleißendes Sonnenlicht hinaus, in eine Welt voll frischer Luft, grüner Bäume, blauem Himmel und strahlender Helligkeit. Er hat die Welt der flackernden Schatten hinter sich gelassen und eine neue Welt entdeckt.

Die flackernde und düstere Welt der Höhle war wirklich, nicht eingebildet. Und doch stellt die Wirklichkeit dieser Welt die Möglichkeit nicht in Frage, dass es noch eine andere gibt – eine Welt, die durch die, die wir kennen, irgendwie angedeutet wird. Unsere Sehnsucht, die offenbar nicht zu stillen ist, ist eine solche Andeutung – ein Hinweis, dass unsere Welt nicht die einzige ist und dass wahre Erfüllung darin nicht zu finden ist.

Unsere Sehnsüchte beziehen sich auf Dinge, die wenig mehr sind als Schatten, wo sie sich doch auf etwas beziehen sollten, das nicht vergehen oder enttäuschen kann.

Die Sehnsucht, die wir in dieser Welt verspüren, kann demnach als wirkliche Sehnsucht nach etwas verstanden werden, das außerhalb dieser Welt liegt. Unsere Erfahrungen deuten darauf hin, und doch hat es mit nichts in dieser Welt zu tun. Wenn wir anfangen zu glauben, unsere Sehnsucht richte sich im Grunde auf etwas Vergängliches oder eine irdische Erfahrung, werden wir enttäuscht und frustriert werden. Was wahrhaft Erfüllung und Befriedigung spendet, sind nicht vergängliche Dinge oder Erfahrungen, sondern das, worauf sie verweisen. Sie sind Abbilder oder Widerschein dessen, was

Unser Leben ist kein Traum – aber es soll und wird vielleicht einer werden.
NOVALIS

wir wünschen und ersehnen – aber sie selbst sind diese Erfüllung nicht. Sie sind wie Rauch, der sich nach oben kräuselt, ehe ihn der Wind verweht. Sie sind flackernde Schatten an der Wand einer dunklen Höhle. Unsere Sehnsüchte gelten Dingen, die wenig mehr sind als Schatten, während sie sich doch auf etwas beziehen sollten, das nicht vergehen oder enttäuschen kann. Die Schatten sind so in Konkurrenz zu den wahren Zielen unserer Sehnsucht getreten.

In der Dunkelheit der Höhle mögen wir uns mit diesen Schatten zufrieden geben. Sie sind schließlich besser als gar nichts. Wenn die Wirklichkeit aus nichts anderem bestünde, müssten wir uns mit ihnen begnügen. Doch unsere starke Sehnsucht, die durch unsere Erfahrungen in dieser Welt nicht gestillt wird, ist ein wichtiger Hinweis auf den Sinn des Universums. Sie ist wie der Mann, der aus der Höhle entkam und eine strahlend helle neue Welt entdeckte. Sie zieht den Vorhang beiseite, vielleicht nur kurz, und enthüllt etwas anderes. Aber dieser Einblick, wie kurz auch immer, reicht aus, damit wir nach mehr verlangen – und uns fragen, wie es zu erkennen, zu finden und festzuhalten ist.

5 Schönheit jenseits aller Beschreibung

Im letzten Kapitel begegnete uns Platos berühmtes Gleichnis von der Dämmerwelt einer finsteren Höhle, die durch ein Feuer erhellt wird. Es ist eine Welt der flackernden Schatten, die wenig mit der wirklichen Welt der leuchtenden Farben und der frischen Luft gemein hat. Das Gleichnis macht eine starke Aussage, die den menschlichen Geist seitdem stets beschäftigt hat. Könnte die Welt, die wir kennen, nicht wie diese Höhle sein? Die Höhlenbewohner nahmen automatisch an, dass die Welt, die sie kannten, die einzige sei, und ahnten nichts von der schönen und duftenden Welt draußen.

Ihre Dummheit zu belächeln ist leicht. Doch wie hätten sie es besser wissen sollen? Und könnte es sein, dass wir genau denselben Fehler machen? Angenommen, es gibt eine andere Welt – entweder parallel zu unserer oder als zukünftige Wirklichkeit, die sich schon in der jetzigen ankündigt. Könnte es nicht sein, dass wir genau denselben Fehler machen? Unser Lächeln über den Irrglauben der primitiven Höhlenbewohner könnte einen vergleichbaren, wenn auch tiefer gehenden, Irrglauben unsererseits überdecken – den Fehler anzunehmen, dass die Welt, die wir kennen und wahrnehmen, die einzige und deshalb die beste aller Welten sei. Doch was, wenn es eine andere Welt gibt, eine, deren Schönheit und Freude alles in den Schatten stellt, was wir kennen?

Der Mann, der aus der Höhle entkam, nahm eine Welt wahr, auf die ihn das Leben in der Höhle nicht hätte vorbereiten können. Seine Sinne wurden mit Eindrücken bombardiert, die es in der unterirdischen Düsternis nicht gab. Wie konnte er also den anderen Höhlenbewohnern davon erzählen? Falls er in die Höhle zurückkehrte, wie konnte er denen, die zurückgeblieben waren, auch nur ansatzweise beschreiben, was er gesehen und gehört hatte? Wie sollte er denen, die nur die düstere Welt unten kannten, den strahlend blauen Himmel beschreiben? Oder denen, die nur den Geruch von kaltem Rauch kannten, den Duft von Pinienbäumen am Meer?

DIE BESCHAFFENHEIT DES MENSCHEN (1935)
René Magritte (1898–1967)

Es ist genauso schwer zu erklären, wodurch dieses sonnenbeschienene Land sich vom alten Narnia unterschied, wie zu sagen, wie die Früchte dieses Landes schmecken. Vielleicht bekommst du eine Vorstellung davon, wenn du es dir so denkst: Du könntest schon einmal in einem Zimmer mit einem Fenster gewesen sein, das auf eine hübsche Meeresbucht oder ein grünes Tal hinausging, das sich zwischen Bergen dahinzog. Und an der Zimmerwand gegenüber dem Fenster könnte ein Spiegel gewesen sein. Und wenn du dich vom Fenster abwandtest, hattest du plötzlich wieder dieses Meer oder jenes Tal vor Augen. Und das Meer im Spiegel, oder das Tal im Spiegel, war in gewissem Sinn genau wie das reale: und doch waren sie beide gleichzeitig irgendwie anders – tiefer, wunderbarer, mehr wie Orte aus einem Märchen: in einem Märchen, von dem du noch nie gehört hast, das du aber sehr gern kennen lernen möchtest. So war der Unterschied zwischen dem alten und dem neuen Narnia. Das neue war ein tieferes Land: jeder Stein und jede Blume und jeder Grashalm sah aus, als würde er mehr bedeuten. Ich kann es nicht besser beschreiben als so: Wenn du je dorthin kommst, wirst du wissen, was ich meine.

Es war das Einhorn, das zum Ausdruck brachte, was jeder empfand. Es stampfte mit dem rechten Vorderhuf auf und wieherte und rief aus: »Endlich daheim! Das ist meine wahre Heimat! Hier gehöre ich her. Dies ist das Land, nach dem ich mein Leben lang gesucht habe ...«

C. S. Lewis, *Der letzte Kampf*

Er hätte nichts als Worte zur Verfügung – Worte, mit deren Hilfe er versuchen könnte, seinen Zuhörern die neue Erfahrung anhand von Erfahrungen zu vermitteln, die sie bereits kannten. Er könnte versuchen, die strahlend blaue Weite des Himmels oder den süßen Duft wilder Blumen anhand von vertrauten Anblicken und Gerüchen zu beschreiben. Das könnte nie ganz gelingen – aber wenigstens würde sein Publikum erfahren, dass es eine Welt zu entdecken gab, die auch wert war, entdeckt zu werden, und eine Ahnung davon bekommen, was es beim Betreten dieser Welt erleben würde.

Einer der faszinierendsten Romane von André Gide (1869–1951) ist die *Pastoralsymphonie*. Die Handlung spielt in den Neunzigerjahren des 18. Jahrhunderts in der französischen Schweiz. Es geht um die komplizierte Beziehung zwischen einem protestantischen Pastor und dem von Geburt an blinden Mädchen Gertrude.

Unsere gegenwärtige Welt enthält Hinweise auf eine andere Welt – eine, die wir jetzt schon ansatzweise wahrnehmen können, aber erst am Jüngsten Tag in ihrer Ganzheit erkennen werden.

Besonders interessant ist, wie der Pastor Gertrude solche Dinge wie die Schönheit der Almwiesen, die prächtigen Farben der Alpenblumen und den majestätischen Anblick der schneebedeckten Berge zu vermitteln sucht. Er will ihr die blauen Blumen am Flussufer beschreiben, indem er auf die Farbe des Himmels verweist – nur um sich klar zu werden, dass sie den Himmel nicht sehen und daher mit dem Vergleich nichts anfangen kann. Das ganze Buch hindurch stößt er frustriert an die Grenzen, die die Sprache seinen Versuchen setzt, Gertrude die Schönheit und die Wunder der Natur zu vermitteln. Aber er hat nichts als Worte. Er kann nur weitermachen, wissend, dass in diesem Fall eine Wirklichkeit, die nie ganz in Worte zu fassen ist, dennoch nur durch Worte vermittelt werden kann.

Dann nimmt der Roman eine etwas unerwartete Wendung. Ein Augenspezialist im nahen Lausanne glaubt, dass Gertrudes Behinderung operabel ist und er sie sehend machen kann. Nach drei Wochen in der Lausanner Klinik kehrt sie ins Haus des Pastors zurück. Sie kann jetzt sehen und mit

Als ich ein Kind war, /redete ich wie ein Kind ... /Als ich ein Mann wurde, /legte ich ab, was Kind an mir war. /Jetzt schauen wir in einen Spiegel /und sehen nur rätselhafte Umrisse, /dann aber schauen wir von Angesicht zu Angesicht. /Jetzt erkenne ich unvollkommen, /dann aber werde ich ganz erkennen ...
1 KORINTHER 13,11–12

eigenen Augen wahrnehmen, was er ihr zuvor mit Worten zu beschreiben versuchte. »Als man mir das Augenlicht wiedergegeben hatte«, sagt sie, »tat sich vor meinen Augen eine Welt auf, schöner als ich sie hätte träumen können; ja, wirklich, ich hatte mir den Tag nicht so hell, die Luft nicht so glänzend, den Himmel nicht so weit vorgestellt.« Die Wirklichkeit übertrifft die Beschreibung bei weitem. Die geduldigen und unbeholfenen Worte des Pastors konnten die Welt nie angemessen beschreiben, die sie nun mit eigenen Augen sieht und die wahrgenommen statt nur beschrieben zu werden verlangt.

Für den Christen enthält unsere gegenwärtige Welt Hinweise auf eine andere Welt – eine, die wir jetzt schon ansatzweise wahrnehmen können, die wir aber erst am Jüngsten Tag in ihrer Ganzheit erkennen werden. Gott stattete die Welt mit diesen Hinweisen aus, als er sie erschuf. Es gibt eine Parallele, eine Ähnlichkeit zwischen dem, was wir kennen, und dem, was kommen wird. Dieses Prinzip liegt den Gleichnissen zugrunde, die Jesus erzählt hat – Geschichten über Dinge und Vorkommnisse in dieser Welt, die in bemerkenswerter Weise über sich selbst hinaus auf das Reich Gottes verweisen. Geschichten über Schafe, Münzen, Samenkörner und Häuser werden zu Hinweisen darauf, wie unsere Sehnsüchte sich endgültig erfüllen können. Auf eine davon werde ich im nächsten Kapitel eingehen.

Nichts kann uns völlig auf den Himmel vorbereiten – bis auf den Gedanken, dass er wie das Beste dieser Welt ist, nur besser.

Das Gefühl der Leere und der Sehnsucht, das wir haben, erhält nun eine enorme Bedeutung. Statt nur ein irritierender Aspekt des Lebens zu sein, wird es zum Hinweis. Es ist wie ein Gleichnis, das auf ein mögliches Ende dieser Leere verweist. Das Ende der Leere würde den Schmerz beseitigen und ihn durch etwas ersetzen, das in sich selbst besitzenswert ist.

Obwohl uns die Gleichnisse, die wir um uns herum finden, nicht völlig auf das strahlende Wunder dessen vorbereiten können, was vor uns liegt, können wir durch sie beginnen, uns ein Bild davon zu machen. André Gides Pastor konnte Gertrude wenigstens eine Ahnung davon geben, wie die Welt der Farben aussehen könnte; und doch war sie überwältigt von der Pracht dieser Welt, als sie sich ihr plötzlich auftat. Vielleicht kann uns nichts wirklich auf den Himmel vorbereiten – bis auf den Gedanken, dass er wie das Beste aus dieser Welt ist, nur besser.

Die kostbare Perle

6

Anselm von Canterbury (1033–1109), einer der größten Denker des Mittelalters, schrieb diese Worte einst als Gebet nieder: »Herr, gib mir, wonach du mich verlangen ließest; ich preise dich und danke dir für die Sehnsucht, die du in mir entfacht hast; vollende, was du begonnen hast, und gewähre mir, wonach du mich verlangen ließest.« Anselm bringt hier den grundlegenden Gedanken zum Ausdruck, mit dem wir uns beschäftigt haben: dass unsere Wünsche und Sehnsüchte ihren Ursprung irgendwie in Gott haben und nur von Gott erfüllt werden können. Unser Gefühl der Leere ist also kein Zufall, genauso wenig wie es eine oberflächliche und bedeutungslose Irritation ist. Es ist ein Hinweis auf unseren Ursprung, unsere Bestimmung und unser Schicksal. Nichts, was uns auf Erden begegnet, kann uns wahrhaft befriedigen. Doch das heißt nicht, dass wir für immer zu Ruhelosigkeit und Unzufriedenheit verurteilt sind. Wir haben einfach nur zugelassen, dass sich unsere Sehnsucht auf Dinge oder Ziele richtet, die sie nicht völlig

Wir verspüren dieses Gefühl der Leere nicht ohne Grund – es ist ein Hinweis auf unseren Ursprung und unser Schicksal. Nichts, was uns auf Erden begegnet, kann uns wahrhaft befriedigen.

Mein Licht, du siehst mein Gewissen,
denn »Herr, vor dir liegt all mein Verlangen«,
und wenn meine Seele denn etwas Gutes will, gabst du es mir.
Herr, wenn gut ist, was du entfachst,
oder wenn es, weil es gut ist, sein soll, dass ich dich lieben will,
gib mir, wonach du mich verlangen ließest:
Gib, dass ich es erreiche, dich so zu lieben, wie du es verlangst ...
Vollende, was du begonnen hast,
und gewähre mir, wonach du mich verlangen ließest,
nicht um meiner Verdienste willen, sondern durch deine Güte,
die ich zuerst erfuhr.
Anselm von Canterbury

befriedigen können. Unsere Enttäuschung ist umso größer, als wir zu hoffen wagten, diesmal wirklich Erfüllung gefunden zu haben. Wir müssen unsere Sehnsucht auf etwas richten, das wahrhaft befriedigen kann.

Die größte Herausforderung an die Fantasie ist es vielleicht, sich etwas vorzustellen, das an Schönheit alles übertrifft, was man kennt. Die Herausforderung besteht zum Teil darin, zu benennen, was das Wunderbarste war, das einem je wiederfuhr. Dann ist man aufgefordert, sich etwas vorzustellen, was dieses Wunderbarste noch übertrifft.

Viele können einen Augenblick in ihrem Leben nennen, der für sie von höchster Bedeutung war. Das ganze Leben lief

darauf zu und ließ ihn dann hinter sich. Die Erfahrung, um die es geht, ist ein bestimmender Moment. Für den einen mag der Augenblick des Sich-Verliebens die erfüllendste und wertvollste Erfahrung seines Lebens gewesen sein. Für einen anderen war es vielleicht die Sekunde, in der er eine bedeutende wissenschaftliche Entdeckung machte oder ein Muster in seinen Beobachtungen erkannte, das diese Entdeckung ermöglichte. Ein Dritter könnte den Augenblick als seinen bestimmenden Moment betrachten, als er zum ersten Mal eine paradiesisch schöne Insel betrat und von ihrer unberührten Pracht verzaubert wurde.

All diese Erfahrungen sind real und wichtig. Aber sie müssen als Hinweise verstanden werden, die eine Ähnlichkeit zwi-

schen der vorübergehenden Freude und Erfüllung aufzeigen, die wir auf Erden erfahren, und der tieferen und dauerhaften Erfüllung, die wir durch Gott erleben können. Das heißt nicht, dass unsere irdischen Freuden und Hoffnungen als töricht oder verdammenswert anzusehen sind. So gut sie auch sind, neben der größeren Freude, die wir durch die Erkenntnis Gottes erfahren, verblassen sie doch zur Bedeutungslosigkeit. Davon spricht das Neue Testament an vielen Stellen. Am bewegendsten wird das Wunder, Gott zu erkennen, vielleicht im Brief des heiligen Paulus an die Christen in der römischen Kolonie Philippi beschrieben. Nach einer Aufzählung seiner Erfolge spricht Paulus davon, wie nichtig diese seien im

DER HL. PAULUS
Italienische Schule (18. Jhdt.)

Vergleich zum unübertreffbaren Reichtum, Christus zu kennen: »Doch was mir damals ein Gewinn war, das habe ich um Christi willen als Verlust erkannt. Ja, ich sehe sogar alles als Verlust an, weil die Erkenntnis Christi Jesu, meines Herrn, alles übertrifft.« (Phil 3,7–8) Diese Worte sprechen von der Begeisterung über die Entdeckung und die Erfüllung dadurch. Paulus hatte etwas gefunden, das seiner langen Suche nach Wahrheit und Sinn ein Ende setzte.

DIE KOSTBARE PERLE
Domenico Fetti (1589–1624)

Jesus sagte mit einem seiner Gleichnisse etwas Ähnliches. Er verglich das Himmelreich mit einer kostbaren Perle. »Auch ist es mit dem Himmelreich wie mit einem Kaufmann, der wertvolle Perlen suchte. Als er eine besonders kostbare Perle fand, verkaufte er alles, was er besaß, und kaufte sie.« (Mt 13,45–46) Dem Kaufmann wird eine unbezahlbare Perle angeboten, und er beschließt, alles zu verkaufen, um sie zu besitzen. Warum? Weil es um etwas von höchstem Wert geht, um etwas, das wert ist, besessen zu werden. All sein sonstiger Besitz scheint im Vergleich dazu gering.

Der Kaufmann, der nach dieser Perle sucht, steht für die lange Suche des Menschen nach Sinn und Bedeutung. Aus dem Gleichnis geht hervor, dass er bereits viele kleine Perlen sein Eigen nennt. Vielleicht hat er sie gekauft, weil er hoffte, sie würden ihm die Genugtuung verschaffen, nach der er sich sehnt. Aber er sucht immer noch nach etwas wirklich Besonderem – und als es ihm begegnet, verkauft er ohne Bedauern alle Perlen, um seiner habhaft zu werden.

Viele Überzeugungen und Wertvorstellungen, die wir uns zu Eigen machen, sind wie diese minderen Perlen. Sie schienen etwas wert zu sein, und eine Zeit lang schenkten sie uns Befriedigung. Aber im Grunde wussten wir, dass es etwas Besseres geben musste. Die Anhäufung von Besitz macht nicht glücklich, ebenso wenig Macht und gesellschaftliche Stellung. Sie sind wie Drogen, die eine gewisse Zeit beruhigen und trösten können, deren Wirkung aber bald nachlässt. Wir beginnen uns wieder umzusehen, suchen nach etwas, das uns auf Dauer das geben kann, was uns diese Dinge für begrenzte Zeit versprachen.

Ein Mönch fand auf seinen Reisen einen wertvollen Edelstein und hob ihn auf. Eines Tages traf er einen Reisenden, und als er die Tasche öffnete, um seinen Proviant mit ihm zu teilen, sah der Reisende den Edelstein und bat ihn darum. Der Mönch schenkte ihn bereitwillig her. Der Reisende brach auf, überglücklich wegen des unerwarteten Geschenks; der Stein garantierte ihm Reichtum für den Rest seines Lebens. Nach einigen Tagen aber kam er wieder und suchte den Mönch; er fand ihn, gab ihm den Stein zurück und bat ihn inständig: »Gib mir etwas, das viel kostbarer ist als dieser Stein, so wertvoll er sein mag. Gib mir, was dich fähig machte, ihn mir zu schenken.«
ANTHONY DE MELLO

Als der Kaufmann die kostbare Perle fand, gab er ohne Bedauern alles auf, was er angehäuft hatte. Endlich etwas, das zu besitzen sich lohnte. Was er vorher gekauft hatte, war nur eine Vorbereitung auf diese letzte Erwerbung gewesen. Er hatte den wahren Wert seines Besitzes erkannt und wollte seine Suche nach wertvollen Perlen mit etwas krönen. Als er dann diese Perle sah, wusste er, dass alles, was er besaß, im Vergleich dazu glanzlos und gewöhnlich war. Genau wie das Licht der Sonne das der Sterne überstrahlt, so daß sie nur nachts zu sehen sind, sah der Kaufmann durch diese wundervolle Perle seinen bisherigen Besitz in einem anderen Licht. Es erwies sich, dass das, wovon er sich Befriedigung erwartet hatte, nur seine Unzufriedenheit zu Tage brachte und ihn nach etwas verlangen ließ, das im Moment noch unerreichbar für ihn war. Und dann sah er diese besondere Perle. Er wusste, er musste sie haben.

Der törichte Reiche

Im vorigen Kapitel haben wir uns mit dem Gleichnis von der kostbaren Perle beschäftigt. Es ist faszinierend, dieses Gleichnis jenem vom törichten Reichen gegenüberzustellen (Lk 12,15–21). Darin lesen wir von einem höchst erfolgreichen Bauern, dessen Felder eine reiche und üppige Ernte tragen. Er ist nicht zufrieden mit dem, was er bereits besitzt, und beschließt, alle Scheunen abzureißen und sie durch größere und bessere zu ersetzen. Erst dann wird er Ruhe finden. Doch in dieser Nacht stirbt der törichte Reiche. Die Einzigen, die von seinen Plänen profitieren, sind seine Erben.

In dem Gleichnis geht es darum, dass wir unsere Energie und unser Engagement in etwas von Dauer investieren sollen. Der törichte Reiche glaubte, Geld und Besitz würden ihm Sicherheit und Seelenfrieden verschaffen. Er sagte sich: »Du hast Vorräte für viele Jahre angehäuft. Also entspann

DER REICHE WIRD IN DIE HÖLLE GEFÜHRT
David Teniers der Jüngere (1610–1690)

Dann sagte er zu seinen Leuten: Gebt Acht und hütet euch vor aller Habsucht! Denn das Leben eines Menschen hängt nicht von seinem Vermögen ab ... Und er erzählte ihnen ein Gleichnis: Die Felder eines reichen Mannes ließen eine gute Ernte erwarten. Da begann er zu überlegen: Was soll ich tun? ... Schließlich sagte er: So will ich es machen: Ich werde meine Scheunen abreißen und größere bauen ... Dann kann ich zu mir selber sagen: Nun hast du einen großen Vorrat, der für viele Jahre reicht. Ruh dich aus, iss und trink und lass dir's gut gehen! Da sprach Gott zu ihm: Du Narr! Noch in dieser Nacht wird dein Leben von dir zurückgefordert. Wem wird dann all das gehören, was du aufgehäuft hast? So geht es jedem, der nur für sich selbst Schätze sammelt, aber vor Gott nicht reich ist.
LUKAS 12,15–21

dich! Iss, trink, lass es dir gut gehen.« Aber am Ende brachten ihm die Reichtümer nichts. Jesus meinte dasselbe, als er sagte: »Sammelt euch nicht Schätze auf der Erde, wo Motten und Würmer sie zerstören und wo Diebe einbrechen und sie stehlen, sondern sammelt euch Schätze im Himmel« (Mt 6,19–20). Statt zu suchen, was so vergänglich ist wie das Gras auf dem Felde, sollten wir nach etwas Bleibendem Ausschau halten, das uns für immer befriedigt. Alles, was der törichte Reiche anhäufte, musste er zurücklassen.

Oscar Wilde definierte einen Zyniker einst als einen »Mann, der von allem den Preis und von nichts den Wert kennt«. Der törichte Reiche war sich des Preises seiner Besitztümer wohl bewusst; er nahm an, dass der Preis ihren Wert garantierte. Doch die grundlegendste Frage, die man jemandem stellen kann, ist nicht, wie viel seine Besitztümer kosten, sondern ob er etwas von Wert gefunden hat – etwas, das sein Leben lebenswert macht.

Der Schluss, den Jesus aus dem Gleichnis zieht, ist einfach: »das Leben eines Menschen hängt nicht von seinem Vermögen ab«. Es ist mehr. Jemand könnte die Welt gewinnen, aber seinen Grund zu leben verlieren. Wer war denn der reichste unter den Jüngern Jesu? Es war Judas, der 30 Silberstücke – damals eine gewaltige Summe – dafür bekam, dass er Jesus verriet. Weil er mit dem Verrat nicht leben konnte, nahm er sich das Leben. Das Geld war kein Ersatz. Er hatte ein Vermögen verdient, aber auch den im Stich gelassen, auf den es wirklich ankam.

DER VERRAT
DES JUDAS
Giotto di Bondone
(ca. 1266–1337)

Damit im Hinterkopf kehren wir nun zum Gleichnis von der kostbaren Perle zurück. Wir haben gesehen, dass uns dieses Gleichnis einlädt, an etwas zu denken, das teuer und wunderbar ist – so wunderbar, dass es an Schönheit und Pracht alles übertrifft. Doch die Perle war nicht nur sehr wertvoll und deshalb erstrebenswert; sie war auch teuer. Wie sollen wir etwas so Wertvolles besitzen, wenn wir nicht hoffen können, es zu kaufen oder sonst wie zu erwerben? Es ist, als verhieße man einem Bettler Glück, vorausgesetzt, er kann sich gutes Essen und eine luxuriöse Unterkunft leisten.

Wie sollen wir etwas so Wertvolles besitzen, wenn wir nicht hoffen können, es zu kaufen oder sonst wie zu erwerben?

Vielleicht geht es uns wie einem anderen Kaufmann – einem, der diese kostbare Perle gesehen hat und erkennt, dass alles, was er besitzt, nichts ist im Vergleich dazu, und der doch nichts dagegen tun kann. Zuvor war er mit seinem Los zufrieden. Aber es scheint nichts zu geben, was er tun könnte. Er ist wie ein Mensch, der in einer Höhle gefangen ist und voller Neid einem anderen zuhört, wenn dieser eine Welt beschreibt, die seine Träume übersteigt. Jetzt weiß er, dass er im Dunkel lebt, und sehnt sich nach etwas Besserem. Aber er

kann nicht entkommen. Es mag eine bessere Welt geben; doch es scheint, als wäre er dort gefangen, wo er ist.

Der Gedanke an etwas Wunderbares, das für immer außerhalb unserer Möglichkeiten liegt, ist nicht sehr tröstlich. Was für eine Hoffnung soll uns das geben? Ein solcher Gedanke bringt uns doch sicher nichts als Traurigkeit über die Erkenntnis, dass wir so etwas Wunderbares nie besitzen oder so ein wunderbares Land nie betreten können. Es ist, als würde einem ein Blick über den Jordan aufs Gelobte Land gewährt, als nähme man schon seinen zarten Duft wahr, dürfte es aber nicht betreten. In diesem Moment offenbart sich eine Herzenssehnsucht, die aber nicht erfüllt wird; wir bleiben trauriger zurück, als wir vorher waren. Es ist, als würde der Gedanke an etwas Besseres ein unaussprechliches Verlangen in uns wecken; es schreit, dass es mehr geben muss – und dass wir nicht ruhen werden, bis wir darin eingehen und es besitzen können.

Das mag wie das Ende erscheinen. In Wahrheit aber ist es erst der Anfang.

8 Das verlorene Schaf

Das tiefe Gefühl des Verlangens als Teil der menschlichen Natur findet häufig Ausdruck in Visionen mystischer und ferner Länder wie El Dorado und Shangri-La. Sie werden zu Fluchtpunkten unserer Sehnsucht nach einer besseren Welt, die wir betreten und besitzen wollen.

Man stelle sich vor, dass es solch ein wunderbares Reich tatsächlich gab, das alles übertraf, was diese Welt an Schönheit und Frie-

Weshalb sollte ein Mann verachtet werden, wenn er aus dem Gefängnis auszubrechen ... versucht? Oder, falls er dazu nicht imstande ist, wenn er über andere Dinge nachdenkt und spricht als über Aufseher und Gefängnismauern? Die Welt draußen ist nicht weniger real, nur weil der Gefangene sie nicht sehen kann.
J. R. R. Tolkien, »Über Märchen«

den bieten kann; eine Welt, aus der Schmerz, Leid und Übel verbannt sind; das Beste, das diese Welt bieten kann, ohne den Schmerz und die Traurigkeit, die ein so tragischer Aspekt unserer gegenwärtigen Existenz sind. Stellen wir uns diese Welt in all ihren Wundern vor und kosten wir ihren Reiz aus.

Das war die Situation, mit der das Volk Israel nach vierzig Jahren Wanderschaft konfrontiert war. Sie sammelten sich an den Grenzen von Kanaan und sehnten sich danach, das Land zu betreten, das ihren Vorfahren verheißen worden war, ein Land, in dem »Milch und Honig fließen«. Die Hoffnung, es zu betreten, hatte sie eine Generation lang durchhalten lassen. Sie bereiteten sich darauf vor, den Jordan zu überqueren und dort einzuziehen, worauf sie jahrelang

Das Ziel unseres Sehnens existiert und wird unsere tiefsten Sehnsüchte befriedigen, wenn wir ihm begegnen. Doch wir sind von ihm abgeschnitten.

PIAZZA D'ITALIA
Giorgio de Chirico (1888–1978)

Wenn einer von euch hundert Schafe hat und eins davon verliert, lässt er dann nicht die neunundneunzig in der Steppe zurück und geht dem verlorenen nach, bis er es findet? Und wenn er es gefunden hat, nimmt er es voll Freude auf die Schultern, und wenn er nach Hause kommt, ruft er seine Freunde und Nachbarn zusammen und sagt zu ihnen: Freut euch mit mir; ich habe mein Schaf wiedergefunden, das verloren war.
LUKAS 15,4–6

sehnlich gewartet hatten. Das ersehnte Land war endlich in Reichweite. Aber was, wenn sie es nicht erreichen konnten? Was, wenn ein gähnender Abgrund, eine riesige Schlucht, unüberbrückbar zwischen dem Volk Israel und dem Gelobten Land lag? Was, wenn es auf einem hohen Plateau lag, umgeben von steilen Klippen, die von Menschen nicht überwunden werden konnten? Was, wenn es das Land gibt, es aber unerreichbar ist? Wenn dem so ist, dann wird das Land zum Symbol für Frustration und Verzweiflung. Unsere Sehnsucht, es zu betreten, macht den Schmerz nur noch schlimmer, wenn wir erkennen, dass es uns einfach nicht möglich ist. Wir wären wie Tantalus in der alten griechischen Sage, dem der Erfolg immer vor der Nase weggeschnappt wurde, wenn er gerade in Reichweite schien.

Es ist einfach so, dass wir vom Ziel unseres Sehnens getrennt sind. Dieses Ziel existiert und wird tatsächlich unsere tiefsten Sehnsüchte befriedigen, wenn wir ihm begegnen. Doch wir sind davon abgeschnitten. Es ist, als hätte man sich verirrt und fände nicht heim. In einem der bewegendsten Gleichnisse Jesu geht es um ein verlorenes Schaf. Jesus erzählt uns, wie der Hirte sich auf die Suche nach diesem Schaf machte und es heimtrug. Wahrscheinlich war das Schaf müde, vielleicht sogar verletzt, und schaffte es nicht allein. Der Hirte war

Gott hat sich dafür entschieden, dorthin zu kommen, wo wir sind, statt zu erwarten, dass wir ihn finden.

so besorgt um sein Schaf, dass er es sich vorsichtig über die Schulter legte und es in Sicherheit brachte.

Man beachte, wie der Hirte dorthin ging, wo das verlorene Schaf sich befand, und es heimtrug. Das ist ein starkes Bild; es erlaubt mir, eine der wunderbarsten religiösen Ideen vorzustellen. In der Terminologie christlicher Theologie sprechen wir von der »Inkarnation«. Zu Deutsch geht es dabei um einen Gott, der dahin kommt, wo wir sind, um uns ins Gelobte Land zu führen. Die Lehre von der Inkarnation besagt, dass Gott zum Menschen wird, die Sorgen und den Kummer der Menschen teilt, um uns ins Gelobte Land zu bringen, in dem es keinen Kummer, keinen Schmerz und keine Tränen gibt. Allein könnten wir nicht dorthin gelangen. Aber der König dieses Landes entscheidet sich dafür, zu kommen und uns zu holen, uns in seinem Reich willkommen zu heißen – wie der Schafhirte sein verlorenes Schaf zur Herde zurücktrug.

Eine der grundlegendsten Lehren der Christentums besagt, dass Gott sich dafür entschieden hat, dahin zu kommen, wo wir sind. Statt zu erwarten, dass wir ihn finden, kommt er zu uns. Manche Leute stellen sich Religion vor wie das Erklimmen einer Leiter, um zu Gott zu finden. Aber das Christentum sagt, dass Gott es vorzog, über diese Leiter herabzusteigen, uns entgegen, und uns voll Freude heimzuführen.

9 Eine königliche Einladung

Um dieses Thema eingehender zu behandeln, wollen wir zum Bild vom verlorenen Schaf zurückkehren. Es hatte sich von der Sicherheit der Herde entfernt und fand nicht mehr zurück. Vielleicht war es verletzt und konnte nicht mehr laufen. Oder es war in ein Loch gefallen und kam nicht mehr heraus. Vorstellungen wie »verirrt sein«, »verletzt sein« und »gefangen sein« sind sehr wichtig, will man die Situation der Menschen verstehen.

Unser Dilemma ist, dass wir in einer Situation gefangen sind, der wir nicht entkommen können. In der Bibel und in der christlichen Tradition der Bibelauslegung wird eine ganze Reihe von Bildern benutzt, um diese Zwangslage zu beschreiben. Es ist, als wären wir in einem Meer von Schlamm gefangen; jede Bewegung, jeder Versuch zu entkommen lässt uns nur noch tiefer sinken. Es ist, als säßen wir in einer Fallgrube fest, deren Wände zu hoch sind, um herauszuklettern. Es ist, als wären wir schwer krank und hätten keinen Zugang zu rettenden Medikamenten. Es ist, als säßen wir im Gefängnis, ohne

Wir haben nichts davon, wenn man uns sagt, dass wir in der Falle sitzen; wir brauchen jemanden, der uns herausholt.

DIE STIMME DES HERRN
James Tissot (1836–1902)

Hoffnung auf Flucht, oder als hätten wir uns im Dunkeln verirrt und fänden nicht mehr heim. Es geht darum, dass wir in einer Situation sind, die uns davon abhält, unsere Träume zu verwirklichen, und aus der wir uns nicht selbst befreien können.

Wir brauchen jemanden, der uns erlöst. Wir haben nichts davon, wenn man uns sagt, dass wir in einer Fallgrube sitzen; wir brauchen jemanden, der uns herausholt. Es ist nicht besonders hilfreich, zu erfahren, dass wir eingesperrt sind und nicht entkommen können; wir brauchen jemanden, der uns befreit, der die Tür aufreißt und uns in Sicherheit bringt. Ja, wir sind vom Ziel unserer Sehnsucht getrennt. Aber was kann getan werden, um uns heimzubringen? Wer kann das Tor öffnen und uns erlauben, das Gelobte Land zu betreten?

An diesem Punkt verkündet das Christentum seine frohe Botschaft: Erlösung und Freiheit sind nahe. Das christliche Evangelium (das Wort bedeutet wörtlich »gute Botschaft«) behandelt das große Thema der Erlösung. Jesus Christus ist nicht nur ein guter Glaubenslehrer – der

Mich umfingen die Fesseln des Todes,
mich erschreckten die Fluten des Verderbens.
Die Bande der Unterwelt umstrickten mich,
über mich fielen die Schlingen des Todes.
In meiner Not rief ich zum Herrn
und schrie zu meinem Gott.
Aus seinem Heiligtum hörte er mein Rufen,
mein Hilfeschrei drang an sein Ohr.
PSALM 18,5–7

uns etwa sagen könnte, was wir tun müssen, um ein gutes Leben zu führen. Er ist unser Erlöser – jemand, der uns aus unserem Dilemma befreit. Unsere Situation ist so ernst, dass wir unfähig sind, uns selbst zu befreien, und jemanden von außen brauchen, der uns hilft. Jesus ist es, der sein Volk von der Sünde und ihren Folgen erlöst. Zu Weihnachten denken die Christen an das Weihnachtsevangelium und daran, wie sehr darin hervorgehoben wird, dass Jesus kam, um uns zu erlösen. So wird Joseph etwa mitgeteilt, dass Maria einen Sohn gebären wird und dass dieser den Namen Jesus tragen soll, weil er sein Volk von seinen Sünden befreien wird (Mt 1,21).

Aber diese Erlösung wird uns wenig bedeuten, wenn wir nicht erkennen, wie sehr wir ihrer bedürfen, und nicht darauf vertrauen, dass Jesus uns tatsächlich erlösen kann. Das Christentum hat viel zu sagen über die Natur unseres Dilemmas und die Erlösung, die der Tod und die Auferstehung Jesu uns ermöglichen. Diese Erlösung ist so, als würde man nach Jahren der Gefangenschaft in einem düsteren Verlies in herrliche Freiheit geführt. Es ist, als würde man nach einer langen, schweren Krankheit, die man schon für unheilbar hielt, seine Gesundheit wiedererlangen.

> Ich hoffte, ja ich hoffte auf den Herrn.
> Da neigte er sich mir zu und hörte mein
> Schreien.
> Er zog mich ... aus der Grube des Grauens,
> aus Schlamm und Morast.
> Er stellte meine Füße auf den Fels,
> machte fest meine Schritte.
> Er legte mir ein neues Lied in den Mund,
> einen Lobgesang auf ihn, unsern Gott.
> PSALM 40,2–4

Wir werden nicht gequält von der Vision einer Welt, die zu sehen wir niemals hoffen können. Wir sind eingeladen, diese Welt als hoch geschätzte Gäste zu betreten.

Das Bild von Menschen, die in einer düsteren Höhle hausen, mit einem flackernden Feuer als einziger Lichtquelle, kann uns hier helfen. Angenommen, wir versetzen uns in ihre Lage, sind uns bewusst, dass dies die einzige Welt ist, die sie kennen, die einzige Welt, von deren Existenz sie wissen. Angenommen, jemand aus der Welt außerhalb der Höhle käme zu ihnen – einer Welt, von der sie nichts wissen, auch wenn sie in ihren Träumen und Hoffnungen vorkommen mag. Angenommen, dieser Mensch könnte ihnen etwas über jene andere Welt erzählen, indem er die Sprache und die Bilder gebraucht, die ihnen geläufig sind. Wir haben uns bereits ein wenig damit beschäftigt, wie dies zu machen wäre.

Wir wurden nicht erschaffen, um in dieser Welt zu bleiben.
Sie ist nicht unsere wahre Heimat.
FATHER ANDREW SDC, *IN DER STILLE*

Jetzt müssen wir ein völlig neues Element in unseren Gedankengang einführen. Die Höhlenbewohner sind in ihrer düsteren Schattenwelt gefangen. Ihnen zu sagen, dass es ganz in ihrer Nähe, aber für sie unerreichbar eine strahlend helle Welt mit frischer Luft und viel Platz gibt, würde ihr Elend nur vergrößern. Diese andere Welt mag existieren – aber sie könnte nicht die ihre sein. Sie sind dazu verdammt, Gefangene in dieser Höhle zu bleiben, unfähig auszubrechen. Doch angenommen, der Besucher wäre nicht nur ein Bote der Welt draußen. Was, wenn er der Einzige wäre, der sie aus der finsteren Schattenwelt befreien und in das strahlende Licht der Welt draußen führen könnte? Was, wenn er wie der Hirte wäre, der gekommen ist, um das Schaf heimzubringen, dorthin, wo es in Wahrheit hingehört?

Das ist der Kern des christlichen Verständnisses der Bedeutung Jesu. In seinen Lehren zeichnet Jesus ein Bild vom Reich Gottes. Durch seinen Tod und seine Auferstehung ermöglicht er uns, dieses Reich als geschätzte und willkommene Gäste seines Herrn zu betreten. Wir werden nicht gequält von der Vision einer wunderbaren Welt, von der wir nicht hoffen können, sie jemals zu sehen, kennen zu lernen oder zu betreten. Wir sind eingeladen, diese Welt zu betreten, nicht als jemand, der als unerwünschter Eindringling hereinstolpert, sondern als hoch geschätzte Gäste des Herrn. Mehr als das: Der Herr dieser Welt ist in unsere gekommen, um die Einladung auszusprechen und uns zum Fest zu geleiten, das für uns vorbereitet wurde.

10 Der unbekannte Gott

Wir haben gesehen, wie Platos Höhlengleichnis auf eine Welt verweist, die zurzeit noch jenseits unserer Erfahrung liegt. Für Plato konnte das menschliche Streben nach dem Schönen, Wahren und Guten als Versuch erklärt werden, über unsere begrenzte Welt hinaus nach einer transzendenten Welt zu greifen, von der wir bereits jetzt wissen könnten. Doch sie scheint kalt und sehr unpersönlich zu sein – eine Schattenwelt der Ideen.

Es liegen Welten zwischen dem Kennen einer Idee und dem Kennen einer Person.

Das war gewiß die Ansicht des großen französischen Denkers Blaise Pascal (1623–62). Als er starb, wurde ein Stück Papier gefunden, das in seinem Hemd eingenäht war. Darauf standen folgende Worte: »Der Gott Abrahams, der Gott Isaaks und der Gott Jakobs, nicht der Gott der Philosophen und Gelehrten«. Damit meinte er, dass er sich nach einem lebendigen, persönlichen Gott sehnte (und ihn gefunden hatte), nicht nach der abstrakten und entrückten Vorstellung von Gott, die die Philosophen bevorzugten. Der amerikanische Philosoph Paul Elmer Moore schrieb einmal von der »Einsamkeit einer Ideenwelt ohne einen

Athener, nach allem, was ich sehe, seid ihr besonders fromme Menschen. Denn als ich umherging und mir eure Heiligtümer ansah, fand ich auch einen Altar mit der Aufschrift: EINEM UNBEKANNTEN GOTT. Was ihr verehrt, ohne es zu kennen, das verkünde ich euch. Gott, der die Welt erschaffen hat und alles in ihr, er, der Herr über Himmel und Erde, wohnt nicht in Tempeln, die mit den Händen gemacht sind. Er lässt sich nicht von Menschenhand bedienen, als brauchte er etwas: er, der allen Leben und Atem und alles gibt. Er hat aus einem einzigen Menschen das ganze Menschengeschlecht erschaffen, damit es die ganze Erde bewohne. Er hat ihnen die Zeiten bestimmt und die Grenzen ihrer Wohnsitze festgesetzt. Sie sollten Gott suchen, ob sie ihn ertasten und finden könnten; denn keinem von uns ist er fern. Denn in ihm leben wir, bewegen wir uns und sind wir, wie auch einige von euren Dichtern gesagt haben: Wir sind aus seinem Geschlecht.
Da wir also aus Gottes Geschlecht sind, dürfen wir nicht meinen, das Göttliche sei wie Gold oder Silber oder Stein oder wie ein Gebilde menschlicher Kunst und Erfindung. Gott, der über die Zeiten der Unwissenheit hinweggesehen hat, lässt jetzt den Menschen verkünden, dass überall sich alle bekehren sollen. Denn er hat einen Tag festgesetzt, an dem er den Erdkreis in Gerechtigkeit richten wird, durch einen Mann, den er dazu bestellt und vor allen Menschen dadurch ausgewiesen hat, dass er ihn von den Toten auferweckte.

APOSTELGESCHICHTE 17,22–31

Herrn«. Er sehnte sich danach, dass sich hinter der unpersönlichen Welt der platonischen Ideen ein Gesicht zeigen möge, ein Wesen – jemand, zu dem man eine Beziehung aufbauen kann. Es liegen Welten zwischen dem Kennen einer Idee und dem Kennen einer Person.

Um dieses Thema geht es auch in einer der wichtigsten frühen Gegenüberstellungen von Christentum und klassischem Heidentum; sie findet sich in der Rede des Apostels Paulus vor den Athener Philosophen (Apg 17,16–34). Paulus, der einige Jahre davor zum christlichen Glauben gefunden hatte, bereiste die östliche Mittelmeerregion und erzählte seinem jeweiligen Publikum von seiner Entdeckung und was sie für ihn bedeutete. Eine der Städte, in denen er sprach, war Athen, die Heimat der »Akademie«, der berühmten Philosophenschule, die von Plato Jahrhunderte zuvor gegründet worden war. Athen genoss in der Antike offenbar den Ruf, Neuem gegenüber aufgeschlossen zu sein, und es ist durchaus möglich, dass einige von denen, die sich versammelten, um Paulus zuzuhören, dies einfach taten, weil das, was er zu sagen hatte, neu war.

Paulus begann seine Rede mit der Bemerkung, die Athener seien bekannt für ihre Frömmigkeit. Sie seien

DER HL. PAULUS PREDIGT IN ATHEN
Raffael (1483–1520)

sich der spirituellen Dimensionen des Lebens bewusst und wie jedermann bestrebt, den Sinn des Lebens herauszufinden. Und doch sei offensichtlich, dass es Fragen gebe, die sie nicht beantworten könnten. Paulus machte seine Zuhörer auf einen Altar aufmerksam, den er in Athen gesehen hatte und der die Inschrift trug: »Einem unbekannten Gott«. Die Leute, die den Altar errichtet hatten, waren sich offensichtlich der Existenz einer Gottheit bewusst, die sie nicht benennen konnten. Sie fühlten, dass da etwas in ihnen selbst und in der Natur war, wussten aber nicht, wer oder was es war.

In seiner Rede sagte Paulus, er könne diesen namen- und gesichtslosen Gott benennen. »Was ihr als etwas Unbekanntes verehrt, verkünde ich euch.« Paulus meinte, er könne beim Namen nennen, was die Athener für ewig ungreifbar hielten. Für Paulus steht im Zentrum des Universums ein Wesen, das uns erschaffen hat, damit wir mit ihm in Verbindung treten können – keine sterile Idee, sondern ein reales Wesen, das man kennen, lieben und benennen kann.

Zweifellos war den Griechen das Dürsten der Seele nicht unbekannt, und sie sehnten sich danach, dass dieser Durst gelöscht werde – auch wenn sie nicht wussten, wie das geschehen sollte. Einer der bekanntesten orphischen Texte findet sich auf dem goldenen Grabplättchen von Petelia; er spricht

Zur Linken des Hauses des Hades wirst du eine Quelle finden
Und daneben eine weiße Zypresse.
Geh nicht zu dieser Quelle,
Sondern finde eine andere am See der Erinnerung.
Daraus fließt kaltes Wasser,
Und dort sind Wächter, die sie hüten.
Sage: »Ich bin ein Kind der Erde und des Sternenhimmels,
Mein Geschlecht aber – das wisst ihr gut – ist allein vom Himmel.
Und seht, ich bin ausgedörrt vom Durst und dem Tode nah.
Gebt mir rasch von dem kalten Wasser aus dem See der Erinnerung.«
Und sie werden dir von dieser heiligen Quelle zu trinken geben
Und du wirst herrschen mit anderen Helden.
GRABPLÄTTCHEN AUS PETELIA

Aber was, wenn dieser »unbekannte Gott« lieber zu uns käme, um uns zu finden? Was, wenn er lieber dahin käme, wo wir sind – in Raum, Zeit und Geschichte?

deutlich von einer solchen Hoffnung und Sehnsucht. Wir finden darin die eindrückliche Schilderung wirklichen Durstes und die Hoffnung auf einen Brunnen kühlen Wassers, um ihn für immer zu stillen. Dieser Durst ist ein Symbol für die *condition humaine*. Aber wer kann ihn löschen? Vielleicht blickten sie hoffnungsvoll auf den »unbekannten Gott« und fragten sich, wer dieser Gott sei und was er wohl machen werde. Paulus' Verkündigung, dass er zum Greifen nahe sei, muss sie elektrisiert haben.

Es gibt heute viele, die sich der spirituellen Dimension der Wirklichkeit bewusst sind. Die primitiven alten materialisti-

schen Dogmen, die besagen, dass es außer der physischen Seite des Daseins nichts gibt, erscheinen vielen abgegriffen und überholt. An ihre Stelle sind ein neues Bewusstsein von der spirituellen Seite des Lebens und eine Sehnsucht nach ihrer Erfüllung getreten. Viele haben das Gefühl, in sich selbst oder in der Natur »Göttlichkeit zu spüren«. Dieselben Ideen finden sich in den Schriften der klassischen Philosophie, besonders des Stoizismus. Aber diese spirituelle Wirklichkeit wird häufig als unpersönliche Macht wahrgenommen. Für Paulus ist sie ein persönlicher und lebendiger Gott, über den wir nicht nur etwas wissen, sondern den wir selbst kennen können – und der uns findet, statt sich von uns finden zu lassen.

Was besonders interessant ist, ist diese Idee eines Gottes, den man kennen kann und soll. Die Athener verehrten »einen unbekannten Gott«. Aber was, wenn dieser »unbekannte Gott« sich dafür entschiede, sich bekannt zu machen? Wir hören so oft von der »Suche des Menschen nach Gott«. Aber was, wenn dieser Gott lieber zu uns käme, um uns zu finden? Was, wenn er lieber dahin käme, wo wir sind – in Raum, Zeit und Geschichte? Was, wenn er anböte, uns das zu geben, was wir immer gesucht, aber nie gefunden haben?

11 Das kostbare Geschenk

Der Mann stand auf dem Marktplatz und bot den Passanten Geldscheine an. Einige eilten vorbei; sie wollten nichts damit zu tun haben. Wahrscheinlich handelte es sich um etwas Ungesetzliches oder irgendeine Falle. Andere sahen ihn mitleidig an, weil sie dachten, er sei verrückt. Am Ende des Nachmittags hatte der Mann genauso viele Geldscheine wie zu Beginn. Er steckte die Scheine, alles echtes Geld, wieder ein und ging heim. Jedes Mal, wenn er es versuchte, war es das Gleiche. Die Leute waren überzeugt, dass mit ihm oder mit dem Geld, das er loszuwerden versuchte, etwas nicht stimmte. Niemand, der bei Verstand war, würde etwas so Wertvolles verschenken.

Für manche kann etwas, das verschenkt wird, von vornherein nichts wert sein. Wer, der noch bei Verstand ist, würde etwas von Wert verschenken? Wenn die Leute etwas verschenken, tun sie es meist aus zwei Gründen: Entweder handelt es sich um etwas Billiges ohne wirklichen Wert, oder sie erwarten, im Gegenzug etwas zu bekommen, das mehr wert ist als das, was sie weggegeben haben.

Gottes Geschenk ist nicht einfach nur kostbar; es hat heilende Wirkung und verhilft uns zu der Erfüllung und Ganzheit, die er sich für uns wünscht.

Einer der bemerkenswertesten Aspekte des Evangeliums ist die Idee der Gnade. Es wird also von zwei scheinbar widersprüchlichen Gedanken behauptet, dass sie wahr seien. Von der Einladung zum Leben, die das Evangelium ausspricht, wird gesagt, sie sei teuer, teurer vielleicht, als wir uns vorstellen können. Trotzdem erfolgt sie umsonst, als Geschenk der Gnade.

> Gott hatte keinen Anlass, so sehr zu leiden, aber der Mensch musste auf diese Weise versöhnt werden.
> ANSELM V. CANTERBURY

Warum sind wir so argwöhnisch? Wir verschließen uns gegen die Idee der Großzügigkeit und glauben, dass irgendeine versteckte Bedingung das Geschenk zu einer Forderung macht. Es ist aber wichtig, sich darüber klar zu sein, dass man Geschenke auch anders sehen kann: Ein Geschenk ist ein Liebesbeweis. Es gibt zwar viele, die Liebe nicht messen wollen; dennoch glauben auch viele, dass ein Geschenk als Zeichen der Liebe umso wertvoller ist, je größer diese Liebe ist. Die kostbare Perle ist nicht einfach etwas, das besitzenswert ist. Sie ist auch ein Beweis für die Liebe, die der Schenkende dem Empfänger entgegenbringt.

HAGAR REICHT ISMAEL WASSER VON DER WUNDERSAMEN QELLE IN DER WÜSTE
Charles-Paul Landon (1760–1826)

Frühe christliche Autoren verglichen das Evangelium mit Nahrung, die Hunger stillt; mit einer kühlenden Quelle, die

den größten Durst löscht; mit Liebe, die die Hand ausstreckt, um die Verachteten und Ausgestoßenen zu umfangen; mit einem Balsam für die Wunden des menschlichen Seins. Gottes Geschenk ist nicht einfach nur kostbar; es hat heilende Wirkung und verhilft uns zu der Erfüllung und Ganzheit, die er sich für uns wünscht. Er ist es, der den Menschen die Sehnsucht nach ihm eingab, und indem er sie stillt, verhilft er ihnen zu ihrer wahren und vorgesehenen Erfüllung.

Wir haben von der Kostspieligkeit dessen gesprochen, was Gott so gütig gibt, ohne zu überlegen, warum das so sein soll. Warum soll diese Heilung und Erfüllung so kostspielig und wertvoll sein? Vom Wert einer Sache kann man auf zweierlei Art sprechen. Zum einen kann man vom Wert dessen reden, was sie bewirkt. Für jemanden, der schwer krank ist, liegt der Wert eines Medikaments in seiner Wirkung. Das betreffende Mittel kostet vielleicht nur ein paar Groschen, und doch kann es Leben retten. Die Erfüllung, die das christliche Evangelium verspricht, ist selbst etwas von enormem Wert. Sie ist etwas, das nichts Endliches oder von Menschenhand Geschaffenes bieten kann, und allein deshalb ist sie unbezahlbar. Das Glück, nach dem die menschliche Natur strebt, kann einfach nicht mit Geld erkauft werden.

Aber man kann den Wert eines Geschenks auch anders sehen – als das, was es den Geber gekostet hat. Die Kostspieligkeit eines Geschenks lässt sich nicht immer in Geld ausdrücken. Der Preis einer wertvollen Salbe könnte mit der Zahl der Arbeitsstunden angegeben werden, die es zu ihrer Herstellung braucht, oder mit dem Wert der Inhaltsstoffe. Der Preis mancher Geschenke muss in Menschenleben angegeben werden. Manchmal müssen Menschen sterben, damit andere leben können. Das bringt uns zum Kern des christlichen Glaubens – zur Kreuzigung Jesu.

Die Bedeutung der Kreuzigung zu erfassen heißt, sich den Ufern des Jordan zu nähern und einen Blick auf das Gelobte Land zu werfen – im Wissen, dass der Einzug diesmal möglich ist.

> Die erstaunliche Offenbarung von Golgatha ist zum Teil, dass die Taten des Menschen dermaßen ungeheuerlich ... sind, dass Gott selbst sterben muss, um sie zu sühnen.
> M. C. D'ARCY, *TOD UND LEBEN*

12 Das Geheimnis des Reiches

Auf den ersten Blick mag es vielleicht alles andere als viel versprechend erscheinen, über einen Menschen nachzudenken, den man vor zweitausend Jahren ans Kreuz schlug. Warum sollte eine historische Hinrichtung für uns von Bedeutung sein?

Aus zeitgenössischen Quellen geht hervor, dass die Kreuzigung eine zur Zeit Jesu im Römischen Reich weit verbreitete Form der Hinrichtung war. Das Opfer wurde im Allgemeinen zuerst ausgepeitscht und gefoltert und dann in so gut wie jeder nur erdenklichen Stellung entweder ans Kreuz gebunden oder mit Nägeln ans Kreuz geschlagen. Dieser Form der Bestrafung scheint man sich erbarmungslos bedient zu haben, um Aufstände in den römischen Provinzen wie etwa die Revolte der Kantabrer in Nordspanien oder der Juden niederzuschlagen. Der jüdische Geschichtsschreiber Josephus Flavius berichtet Schreckliches über die Kreuzigung von Juden, die zur Zeit der endgültigen Zerstörung Jerusalems durch römische Armeen aus der belagerten Stadt zu entkommen versuchten. Den meisten römischen Rechtsgelehrten zufolge sollten notorische Verbrecher genau am Ort ihres Verbrechens gekreuzigt werden, damit »der Anblick andere von solchen Taten abhalte«. Der

DIE KREUZIGUNG
Diego Rodriguez de Silva y Velázquez
(1599–1660)

römische Kaiser Quintillus ließ Verbrecher auf den belebtesten Durchzugsstraßen der Stadt kreuzigen, um den größtmöglichen Abschreckungseffekt zu erzielen.

Es kann daher nicht überraschen, dass die heidnische Welt des ersten Jahrhunderts ungläubig und ablehnend auf die Behauptung reagierte, dass Jesus den Schlüssel zum Sinn des Lebens in der Hand habe oder gar der Schlüssel zum Sinn des Lebens sei. Die Kreuzigung war eine den erbärmlichsten Verbrechern vorbehaltene Strafe, und dass Jesus gekreuzigt wurde, sollte ihn dieser Kategorie von Menschen zuordnen. Wie konnte sein Tod dann für die geistig und kulturell hoch entwickelte Gesellschaft jener Zeit von Bedeutung sein? Wie für die Welt von heute?

Die Kreuzigung war eine den erbärmlichsten Verbrechern vorbehaltene Strafe. Wie kann der Tod Jesu für die Welt von heute von Bedeutung sein?

Es gilt, zwischen dem Ereignis und seiner tieferen Bedeutung zu unterscheiden. Oft stößt man erst unter der Oberfläche auf einen verborgenen Sinn. Man denke an den verstohlenen Blick zwischen Liebenden oder sorgfältig gewählte Worte in einem Gespräch, dessen Bedeutung sich nur den Wissenden erschließt – in beiden Fällen hat man es mit verborgenem Sinn zu tun, der nur von einigen wenigen erkannt wird. Das Kreuz ist wie ein Gleichnis, ein Mysterium, dessen wahre Bedeutung man erfassen muss, ehe es einem die Tür zu allem öffnet, was es verspricht. Was zuerst nur als Symbol von Leiden und Tod erscheint, wird richtig verstanden zum Eingang in das Gelobte Land des Königreiches Gottes.

Was ist ein Gleichnis? Manche verstehen darunter bloß eine Analogie. Doch die volle Bedeutung des Wortes umfasst die Vorstellung eines »Mysteriums«, eines »Geheimnisses«. Jesus offenbarte seinen Jüngern den Sinn von Gleichnissen, als er sagte: »Euch ist das Geheimnis des Reiches Gottes anvertraut; denen aber, die draußen sind, wird alles in Gleichnissen gesagt« (Mk 4,11). Die Bedeutung eines Gleichnisses liegt nicht auf der Hand; man muss sie erschließen, damit sich das Geheimnis des Reiches Gottes eröffnet.

Wir haben uns schon mit dem Gleichnis vom verlorenen Schaf beschäftigt. Für manchen mag es sich dabei um nichts als eine Geschichte über einen Schafhirten handeln, der ein Tier verliert und es wiederfindet. Solche Dinge geschehen immer wieder. Was ist also das Besondere an dieser Geschichte? Ein Zuhörer wird vielleicht mit den Schultern zucken und gehen. Für ihn gibt es da nichts Besonderes.

Ein anderer erkennt vielleicht, dass das Gleichnis ein Fenster darstellt, durch das man das Wesen und Wirken Gottes zu erkennen vermag, der ein widerspenstiges Volk so sehr liebte, dass er es, wenn es sich verlor oder Schaden nahm, suchte und nach Hause führte. Das Gleichnis ist also eine Bestätigung der Liebe Gottes und eine tröstliche Versicherung seiner Gegenwart, seiner Sorge und seines Mitgefühls in den Wirrnissen des Lebens.

Die beiden Zuhörer haben dieselbe Geschichte *vernommen*, aber ganz unter-

> Die Tatsache des Kommens Jesu ist der endgültige und unwiderlegbare Beweis für die Liebe Gottes.
> WILLIAM BARCLAY

schiedliche Dinge *wahrgenommen*. So verhält es sich auch mit dem Kreuz. Man stelle sich zwei Menschen vor, die beobachten, wie Jesus Christus an jenem ersten Karfreitag vor vielen Jahren am Kreuz starb. Der eine sieht vielleicht bloß eine alltägliche Hinrichtung eines unwichtigen Juden, der andere aber vielleicht einen, der stirbt, um die Welt zu retten. Der eine sieht in Jesus den Verbrecher, der für seine Sünden sterben muss, der andere den Sohn Gottes, der für die Sünden aller Menschen stirbt. Beide sehen dasselbe, und jeder sieht es anders, nimmt etwas ganz anderes wahr.

Vielleicht kann uns ein anderes Beispiel diesen entscheidenden Unterschied noch zu erhellen helfen. 49 v. Chr. überschritt Julius Cäsar mit einer Legion Soldaten einen kleinen Fluss. Der Fluss hieß Rubikon und bildete damals die Grenze zwischen Italien und Gallia cisalpina, einem kolonisierten Gebiet im Nordwesten von Italien im heutigen Frankreich. Als Ereignis hatte der Vorgang an sich keine besondere Bedeutung. Der Rubikon war kein großer Fluss, und es war nicht schwierig, ihn zu überschreiten. Die politische Bedeutung des Ereignisses hin-

gegen war enorm. Dass eine römische Armee die Grenze überschritt, war ein bewusster Akt der Rebellion gegen Rom. Dass Cäsar das tat, kam einer Kriegserklärung an Rom gleich. Manche sahen vielleicht nur eine Armee, die einen Fluss überschritt; wer allerdings mehr wusste, erkannte die Tragweite des Ereignisses und begriff, dass es sich um eine Kriegserklärung handelte.

O Herr, ich versuche nicht, deine luftigen Höhen zu erklimmen, weil das mein Verständnis … übersteigt. Aber es verlangt mich danach, ein kleines Stück deiner Wahrheit zu verstehen, … an die ich von Herzen glaube … Denn ich will nicht verstehen, um zu glauben; ich glaube, um zu verstehen. Denn ich glaube auch, dass ich »nicht verstehen werde, wenn ich nicht glaube«.
ANSELM VON CANTERBURY

Jesu Tod kann man in vielerlei Hinsicht mit der Überschreitung des Rubikons durch Cäsar vergleichen. Das Ereignis an und für sich wird nur von jenen als außergewöhnlich wahrgenommen, die um dessen verborgene tiefere Bedeutung wissen. Der Rubikon war ein kleiner Fluss und nicht schwer zu überschreiten. Der Vorgang scheint also kaum von Bedeutung zu sein. In ähnlicher Weise starb Jesus an einem Kreuz. Jeder Mensch muss früher oder später sterben. Aus zeitgenössischen Quellen wissen wir, dass damals unzählige Menschen auf diese Art ums Leben kamen. Jesus war nicht der Einzige, der so hingerichtet wurde. Der Vorgang der Kreuzigung Jesu erscheint nur dann als besonders wichtig und bemerkenswert, wenn ihm eine tiefere Bedeutung zukommt. Das lässt einen entscheidenden Schluss zu. Man kann den Vorgang der Kreuzigung verfolgen, ohne sich der Bedeutung des Kreuzes bewusst zu sein. Zwei Menschen mögen an ein und demselben Ort sein und doch etwas ganz anderes wahrnehmen. Auch die folgenden Zeilen von Frederick Langbridge veranschaulichen dies:

Zwei Menschen durch dieselben Gitterstäbe blicken,
der eine sieht den Schmutz, der andere die Sterne.

Zwei Menschen in einem Gefängnis schauen durch dasselbe Fenster nach draußen. Trotz gleichem Blickwinkel sieht jeder etwas ganz anderes. Langbridge geht es darum, dass manche Menschen nur die ausgetretenen Wege des Alltags wahrnehmen, die in den Tod führen, während andere im Wissen, dass ihr letztes Schicksal und ihre Erfüllung in Gott liegen, die Augen zum Himmel erheben. Die Situation ist ein und dieselbe, die Perspektive eine völlig andere.

Das Neue Testament bekräftigt, dass dem öffentlichen Tod Jesu am Kreuz ein verborgener Sinn eignet, der sich nur wenigen erschließt.

Das Neue Testament bekräftigt, dass dem öffentlichen Tod Jesu am Kreuz ein verborgener Sinn eignet, der sich nur wenigen erschließt. Begreift man ihn, eröffnet sich eine ganz neue Sicht auf das Leben. Man kann das Wort »Glaube« im christlichen Verständnis als Begreifen dieses verborgenen Sinns und Beschreiten des dadurch eröffneten neuen Lebensweges verstehen. Im Folgenden wollen wir diese Bedeutung und die Bilder zu erkunden versuchen, die das Neue Testament verwendet, uns diese zu vermitteln.

13 Das Lösegeld

Die Frage nach dem Geheimnis des Kreuzes ist jener vergleichbar, der sich die unglücklichen Bewohner von Platos Höhle gegenübersahen. Wie lassen sich einem, der nur die huschenden Schatten an der düsteren Höhlenwand kennt, Glanz, Strahlen und Frische der Welt außerhalb vermitteln? Wie die Düfte und die Schönheit der Welt draußen begreifbar machen, wenn einem nur die Schattensprache der Höhle zu Gebote steht? Wie soll sich die geistige Wirklichkeit jemals in Begriffen unserer alltäglichen Erfahrungen beschreiben lassen?

Und wie das menschliche Auge dem Glanz der Sonne nicht standhalten kann, so kann der menschliche Geist die volle Gnade Gottes nicht erfassen.

Der Reichtum der geistigen Wirklichkeit gleicht einem starken Wein, den man verdünnen muss, um ihn verkraften zu können. Viele frühchristliche Autoren schreiben, Gott zu verstehen sei, wie direkt in die Sonne zu schauen. Das menschliche Auge ist jedoch einfach nicht imstande, dem intensiven Licht der Sonne standzuhalten. Und wie das menschliche Auge dem Glanz der Sonne nicht standhalten kann, so kann der menschliche Geist die volle Gnade Gottes nicht erfassen.

Um sie verkraften zu können, muss die geistige Wirklichkeit dem menschlichen Fassungsvermögen angepasst werden.

Dieser Zusammenhang spielt für die tiefere Bedeutung des Kreuzes eine entscheidende Rolle. Diese Bedeutung ist so umfassend und voller Wunder, dass sie alles uns Bekannte oder Vorstellbare übersteigt; sie muss über vertraute Gedanken, Situationen und Bilder vermittelt werden, die uns Einblick in die Bedeutung geben, auch wenn sie diese nie ganz vermitteln können. Das Neue Testament bietet uns eine Reihe eindringlicher Bilder, die uns diesen Einblick gewähren. Es sind kleine Ansichten des Gelobten Landes, Hinweise auf die Gnade des Königreichs Gottes. Man muss jeden davon wie guten alten Wein mit Andacht in sich aufnehmen, um ihn zu verstehen.

Eines der wichtigsten und hilfreichsten Bilder ist das des »Lösegeldes«. Es ist für Christen von besonderer Bedeutung, weil Jesus selbst das Wort gebrauchte, als er erklärte, er sei gekommen, um »sein Leben hinzugeben als Lösegeld für viele« (Mk 10,45). Auch an anderer Stelle des Neuen Testaments findet sich das Bild: Der erste Brief an Timotheus, 2,5–6, nennt Christus den »Mittler zwischen Gott und den Menschen, ... der sich selbst als Lösegeld hingegeben hat für alle«.

Um den reichen Gehalt dieses Bildes würdigen zu können, wollen wir ein gedankliches Experiment anstellen. Man versetze sich in jemanden, der aus einer reichen Familie stammt und ein Leben lang davon träumte, Sizilien zu besuchen. Dieser Traum geht jetzt in Erfüllung. Gleich nach der Ankunft beginnt der

Reisende, die vielen archäologischen Stätten der Römerzeit und die schöne, raue Landschaft der Insel zu erkunden. Die üblichen Reiseführer genügen ihm nicht mehr, und er entschließt sich, die Insel auf eigene Faust zu erforschen. Am zweiten Tag dieses Abenteuers steht er auf einmal zwei Männern gegenüber, von denen einer mit einem Gewehr bewaffnet ist. Sie bieten ihm ihre »Gastfreundschaft« an und treffen Vorkehrungen, damit eine recht stattliche Summe Geldes überwiesen werden kann, um die Freilassung des Mannes zu erwirken. Dem Mann wird bewusst, dass man ihn gekidnappt hat und er nichts dagegen tun kann. Er empfindet eine Mischung aus Wut, Schuld und Angst. Wie konnte er nur in diese Situation geraten? Wird er sich daraus befreien können? – Man braucht sich nur in die Lage dieses Menschen zu versetzen und das Gefühl der Hilf- und Hoffnungslosigkeit zu verstehen versuchen. Ob man einer solchen Situation entkommt, hängt allein davon ab, ob jemand bereit ist, das Lösegeld zu bezahlen. Das Leben des Gefangenen liegt in den Händen anderer. Was geschieht, wenn die Familie zu Hause froh ist, ihn loszuwerden? Die Tage vergehen, und den Gefangenen überkommt Verzweiflung.

Nun versuche man sich das Gefühl ungemeiner Erleichterung und Freude vorzustellen, das der Mann empfindet, als er die Nachricht erhält, dass seine Familie das Lösegeld bezahlen will. Er wird bald frei sein! Und – was vielleicht ebenso ins Gewicht fällt – er ist seiner Familie wichtig genug, dass sie die geforderte Summe zu zahlen bereit ist.

Ein Lösegeld ist der Preis für jemandes Freiheit. Im Alten Testament liegt die Betonung vor allem auf der Idee der Befreiung und weniger auf Mutmaßungen über den Preis der Freiheit. Die aus dem Exil in Babylon befreiten Israeliten werden oft als »die vom Herrn Befreiten« (Jes 35,10) bezeichnet.

Das Bild des »Lösegeldes« enthält drei Grundmotive. Erstens erzählt es von jemandem, der gegen seinen Willen gefangen gehalten wird. Man kann sich auch statt des Reisenden einen prominenten sizilianischen Bürger vorstellen, der von der Mafia gekidnappt wird. Worauf es ankommt, ist, dass jemand in eine Situation gerät, in der er nicht sein will – und aus der er sich aus eigener Kraft nicht befreien kann. Auf sich selbst zurückgeworfen, gibt es keine Hoffnung auf Erlösung.

Denn Gott hat die Welt so sehr geliebt, dass er seinen einzigen Sohn hingab, damit jeder, der an ihn glaubt, nicht zugrunde geht, sondern ewiges Leben hat.
JOHANNES 3,16

Das leitet zur zweiten mit dem Bild des »Lösegeldes« verbundenen Idee über: der Idee eines Preises, der gezahlt werden muss, um die Befreiung des Gefangenen zu erwirken. Je wertvoller der Gefangene, desto höher ist der geforderte Preis. An der Liebe Gottes erstaunt uns nicht zuletzt, dass Gott bereit war, einen so hohen Preis für unsere Freiheit zu zahlen. Der Preis für unsere Freiheit war der Tod seines einzigen Sohnes. Die Höhe des für unsere Erlösung gezahlten Preises zeigt an, wie viel wir Gott bedeuten müssen.

An der Liebe Gottes erstaunt uns nicht zuletzt, dass Gott bereit war, einen so hohen Preis für unsere Freiheit zu zahlen.

Drittens verweist das Bild des »Lösegeldes« auf das große Thema der Befreiung aus einer Gefangenschaft. Das Neue Testament ist voll von guten Nachrichten über die Freiheit von der Macht der Sünde und des Todes. Wir sind befreit worden, um die »Freiheit und Herrlichkeit der Kinder Gottes« (Röm 8,21) zu genießen. Christi Tod am Kreuz beseitigte die Schranken, die uns daran hinderten, unsere Erfüllung in Gott zu finden.

MARIA UND DER HL. JOHANNES BEWEINEN CHRISTUS
Peter Paul Rubens (1577–1640)

Auch mit dem Bild der »Erlösung« ist ein ähnlicher Gedankengang verknüpft. Das Grundthema ist das des »Zurückgekauftwerdens«, das mit der im Neuen Testament oft angesprochenen Befreiung von Sklaven zu tun hat. Ein Sklave konnte seine Freiheit wiedererlangen, indem er sich freikaufte. Der Ausdruck, der dafür verwendet wird, lässt sich wörtlich etwa mit »aus dem Forum[dem Sklavenmarkt] entfernen« übersetzen.

Wie im Fall des Lösegeldes haben wir es hier mit der Vorstellung zu tun, dass jemandem seine Freiheit wiedergegeben wird. Die Gefangenschaft ist vorbei, und dem Betreffenden eröffnen sich ein neues Leben und eine neue Lebensweise. Der tiefere Sinn des Kreuzes, den uns diese Bilder offenbaren, macht es uns möglich, aus unserer Gefangenschaft zu entrinnen, um unser wahres Schicksal und unsere Erfüllung in Gott zu finden. Das Bild beleuchtet drei grundsätzliche Fragen. Es klärt uns darüber auf, dass wir in einem Gefängnis leben – dass es aber möglich ist, daraus befreit zu werden. Die Kosten für diese Befreiung hat niemand anderer als Gott übernommen, der will, dass wir in das Leben eintreten, das er uns zugedacht hat. Wir sind gefordert, dieses Angebot der Verwandlung anzunehmen.

Den Menschen in der Höhle, die nur die Schatten an der Wand sehen, wird also nicht nur das Versprechen zuteil, dass es eine bessere Welt gibt. Es wird ihnen auch versichert, dass diese Welt auf sie wartet. – Wir müssen nicht im Reich der Schatten ausharren und auf eine bessere Zukunft hoffen. Eine neue Welt wartet auf uns und lädt uns ein, sie zu betreten.

Ich habe einen Traum, dass eines Tages jedes Tal erhöht und jeder Hügel und Berg erniedrigt wird. Die rauen Orte werden geglättet und die unebenen Orte begradigt werden. Und die Herrlichkeit des Herrn wird offenbar werden, und alles Fleisch wird es sehen ... Mit diesem Glauben werde ich fähig sein, aus dem Berg der Verzweiflung einen Stein der Hoffnung zu hauen ... Und wenn wir die Freiheit erschallen lassen, wenn wir sie aus jedem Dorf und jeder Stadt und jedem Staat erschallen lassen, werden wir die Herankunft des Tages beschleunigen können, an dem alle Kinder Gottes ... einander die Hände reichen und unser altes Lied singen werden: »Endlich frei! Endlich frei! Großer allmächtiger Gott, wir sind endlich frei!«

MARTIN LUTHER KING, *SCHLUSSWORT DER REDE »ICH HABE EINEN TRAUM«*

14 Der göttliche Heiland

Es wird uns helfen, die Bedeutung des Kreuzes zu verstehen, wenn wir uns mit einem weiteren Bild – dem der »Erlösung« – auseinander setzen. Der Begriff kommt im Neuen Testament häufig vor. Das Verbum »erlösen« wird oft im Futur gebraucht, was nahe legt, dass wir Erlösung zumindest teilweise als zukünftiges Ereignis zu denken haben – als etwas, was sich erst in Zukunft vollenden wird, auch wenn es bereits in der Gegenwart seinen Anfang nimmt. Ein Samenkorn wurde in die Erde gelegt und hat zu wachsen begonnen; man hat uns zugesagt, dass die Pflanze blühen wird – doch das muss erst geschehen. Erlösung bezieht sich also sowohl auf eine gegenwärtige Wirklichkeit als auch auf eine in die Zukunft gerichtete Hoffnung. Aber welcher Art sind diese Wirklichkeit und diese Hoffnung?

Erlösung bezieht sich also auf eine gegenwärtige Wirklichkeit und auf eine in die Zukunft gerichtete Hoffnung. Aber welche Art von Wirklichkeit und Hoffnung?

Mit »Erlösung« verbindet man Befreiung, Bewahrung vor oder Errettung aus einer gefährlichen Situation. Außerhalb des Neuen Testaments spricht man von »erlösen«, wenn

DAS VOLK ISRAEL WIRD AUS ÄGYPTEN GEFÜHRT
Samuel Colman (1780–1845)

jemand durch einen Retter vor dem Tod bewahrt oder von einer tödlichen Krankheit geheilt wird. In diesem Sinn verwendet auch der jüdische Geschichtsschreiber Josephus Flavius den Begriff, wenn er von der Rettung der Israeliten vom ägyptischen Joch spricht. Es war bereits davon die Rede, von welch zentraler Bedeutung das Thema der Befreiung im Hinblick auf das Bild des »Lösegeldes« ist. »Erlöst werden« bedeutet, aus einer gefährlichen Situation befreit oder errettet zu werden, wie die Israeliten von ihrer Gefangenschaft in Ägypten befreit wurden und das Land ihrer Knechtschaft verließen. Auf ganz ähnliche Weise verstehen wir Jesus Christus als jemanden, der die Menschheit von Angst und Tod, von Schuld und der Last der Sünde befreit. Der Name »Jesus« bedeutet »Gott hilft«; es liegt auf der Hand, dass das Neue Testament darunter »erlöst die Menschen von der Sünde« versteht. Immer wenn wir die Geschichte der Weihnacht hören, erinnern wir uns daran: »ihm sollst du den Namen Jesus geben; denn er wird sein Volk von seinen Sünden erlösen« (Mt 1,21). Der Tod Jesu sühnt die Sünde – etwas, was wir selbst nicht tun können – und stößt das Tor zum ewigen Leben und zur Erfüllung auf. Das biblische Verständnis von »Erlösung« ist ungemein umfassend und schließt auch die Vorstellungen der »Gesundheit« und der »Ganzheit« mit ein. Wenn jemand, der krank war, geheilt wird, wird er wieder gesund und ganz. Die Schöpfungsgeschichte lässt keinen Zweifel daran, dass Gott die Menschen als etwas Ganzes geschaffen hat und dass diese Ganzheit dann verloren gegangen ist. Wie Heilung die Wiederherstellung der Gesundheit umfasst, schließt Erlösung die Wiederherstellung der Ganzheit der Gläubigen mit ein: die Wiederherstellung des Zustandes, in dem Gott uns geschaffen hat.

Wenden wir uns noch einmal dem Kreuzestod Jesu zu. Versuchen wir … zu verstehen, dass er das, was er getan und erlitten hat, für uns getan und erlitten hat … Er hat unsere Sünden, unsere Gefangenschaft und unser Leid auf sich genommen, und er hat dies nicht vergeblich getan: Er hat sie von uns genommen … Wir brauchen ihm nur mehr zu folgen, um mit ihm zu siegen. Durch ihn und in ihm finden wir unser Heil. Unsere Sünden haben keine Macht mehr über uns.
Das Tor unseres Gefängnisses hat sich geöffnet … Wenn er, der Sohn Gottes, uns erlöst, sind wir *wahrhaft* frei.
KARL BARTH

Im Evangelium geht es also um eine geistige Heilung. In vielerlei Hinsicht ist die Heilige Schrift wie Medizin, wie etwas, was uns genesen lässt, auch wenn wir die Wirkungsweise dieser Medizin nicht ganz verstehen. Der Glaube an dieses Evangelium kann uns wieder ganz machen, indem er uns des Beistands Gottes versichert und uns den langen und schmerzhaften Weg beschreiten lehrt, mit und für Gott zu leben. Warum muss dieser Weg schmerzhaft sein? Weil wir so lange ohne Gott zu leben versucht haben, dass es uns schwer fällt, uns umzustellen, wenn wir nun endlich für ihn Platz machen. Fast jeder weiß, was geschieht, wenn die Blutzufuhr in den Armen oder Beinen unterbrochen war und auf einmal wieder funktioniert. Es kann äußerst schmerzhaft sein, wenn sich die Gliedmaßen wieder an das Vorhandensein der Leben spendenden Flüssigkeit gewöhnen müssen. Der Schmerz rührt freilich daher, dass die Glieder wieder zu leben beginnen. Ebenso verhält es sich mit der Rückkehr zu Gott: Es ist ein schmerzvoller Schritt, aber es ist eine Rückkehr zum Leben.

Wie Heilung die Wiederherstellung der Gesundheit umfasst, schließt Erlösung die Wiederherstellung der Ganzheit der Gläubigen mit ein: die Wiederherstellung des Zustandes, in dem Gott uns geschaffen hat.

Um diesen Gesichtspunkt des Kreuzes richtig verstehen zu können, wollen wir uns abermals einem Gedankenexperiment zuwenden, bei dem es um Heilung und Wiederherstellung des ursprünglichen Zustandes geht. Wir wollen uns vorstellen, dass sich der sizilianischen Entführern

in die Hände gefallene Mann auf dem Weg zu seinem Gefängnis an einigen Ästen verletzt hat. Der Zustand des inzwischen wieder freien Mannes verschlechtert sich: Am Oberarm werden bedrohliche dunkle Streifen sichtbar. Sobald der Mann kann, nimmt er ärztliche Hilfe in Anspruch. Es stellt sich heraus, dass die Situation sehr ernst ist: Es handelt sich um eine Blutvergiftung. Früher wäre der Mann unrettbar ver-

Die Rückkehr zu Gott ist schmerzvoll, aber es ist eine Rückkehr zum Leben.

loren gewesen. Vor Erfindung bestimmter wesentlicher Medikamente im 20. Jahrhundert gab es für einen solchen Fall keine Heilung.

Man versetze sich einmal in die Situation dieses schwer kranken Menschen: Es gibt keine Rettung. Der Mann wird an Blutvergiftung sterben. Der Gedanke an den Tod ist weder angenehm noch einfach zu ertragen und löst ein Durcheinander von Gefühlen aus, zu denen auch Furcht und Traurigkeit gehören. Man nehme sich etwas Zeit, um sich in diese schwierige Lage einzufühlen, und versuche die Verzweiflung nachzuempfinden, die damit verbunden ist.

Wir wollen nun noch einen Schritt weiter gehen. Der Mann erfährt, dass ein neues Medikament entwickelt wurde, das ihn heilen kann. Man stelle sich die Aufregung und das Gefühl der Erwartung vor, die ihn überkommen. Es ist davon die Rede, dass das Medikament sehr teuer ist. Aber es soll helfen, es soll dem Mann und anderen Menschen in seiner Lage Heilung bringen können. Plötzlich löst sich die Verzweiflung, und Hoffnung stellt sich ein. Der Mann ist ebenso krank wie zuvor – aber ein neues Element hat die Situation verändert: Wo nichts war, gibt es jetzt Hoffnung.

Das Brot des Lebens kann den Hunger nur stillen, wenn man es verzehrt.

Nun der letzte Schritt: Das Medikament ist eingetroffen. Die besorgte Familie hat sich entschlossen, für die Kosten aufzukommen. Das Medikament wird dem Mann aber nicht helfen, solange es in seiner Verpackung bleibt. Es muss verabreicht werden. Er muss es in sich aufnehmen, damit es seine heilende Kraft entfalten kann. Wenn das Medikament sein Behältnis nicht verlässt, hat es nur die Fähigkeit zu heilen. Das bloße Wissen, dass Heilung möglich ist, macht den Mann nicht gesund; das Wissen allein genügt nicht. Es wird auch nicht genügen, das Medikament in die Nähe des Kranken zu bringen. Es muss eingenommen werden. Erst dann kann der Heilungsprozess beginnen.

Entscheidend ist, dass ich mich selbst verstehe, dass ich erkenne, was Gott wirklich von mir erwartet; entscheidend ist, die Wahrheit zu finden, die für mich wahr ist, die Idee zu finden, für die ich leben und sterben kann. Was für einen Sinn hätte es denn, zur so genannten objektiven Wahrheit zu gelangen, alle Systeme der Philosophie durchzugehen und diese dann … zu besprechen und die Unstimmigkeiten … aufzuzeigen; was würde es mir nützen, wenn ich imstande wäre, eine Staatstheorie zu entwickeln und alle Einzelheiten zu einem großen Ganzen zu verbinden, und so eine Welt konstruieren könnte, in der ich zwar nicht lebe, die ich aber anderen entgegenhalten kann; was würde es mir nützen, wenn ich den Sinn des Christentums erklären könnte, wenn es aber für mich und mein Leben keinen tieferen Sinn hätte; was würde es mir nützen, wenn die kalte und nackte Wahrheit vor mir stünde und sich nichts darum scherte, ob ich sie erkenne oder nicht, und mich erschaudern ließe – doch eher vor Furcht als vor gläubiger Hingabe? Ich bestreite gewiss nicht, dass ich noch immer einem Imperativ des Verstehens anhänge … aber dieser Imperativ muss Teil meines Lebens sein … Das ist es, wonach sich meine Seele sehnt, wie die Wüste Afrikas nach Wasser dürstet. Das ist es, was mir fehlt, und das ist auch der Grund, warum ich dastehe wie jemand, der ein Haus gemietet und alle Möbel und den gesamten Hausrat beisammen, aber noch keine Geliebte gefunden hat, mit der er die Freuden und Sorgen des Lebens teilen könnte.
SØREN KIERKEGAARD

Der Punkt, auf den es hier ankommt, ist einfach. Es ist eine Sache, das Neue Testament zu lesen und zu verstehen, dass den Verfassern zufolge Jesus die Macht hat, etwas an der Lage des Menschen zu ändern. Die andere Sache ist aber das, was der Philosoph Søren Kierkegaard als »Aneignungsprozess der leidenschaftlichsten Innerlichkeit« bezeichnet hat. Wenn wir in den Genuss der geistigen Erlösung kommen wollen, die Jesus anzubieten hat, müssen wir ihn durch den Glauben zu einem Teil unserer selbst machen. Jesus selbst sagt im Johannesevangelium, dass das Brot des Lebens den Hunger nur stillen kann, wenn man es verzehrt (Joh 6).

> Denn wenn du mit deinem Mund bekennst: » Jesus ist der Herr« und in deinem Herzen glaubst: » Gott hat ihn von den Toten auferweckt«, so wirst du gerettet werden ... Denn die Schrift sagt: Wer an ihn glaubt, wird nicht zugrunde gehen. Darin gibt es keinen Unterschied zwischen Juden und Griechen. Alle haben denselben Herrn; aus seinem Reichtum beschenkt er alle, die ihn anrufen. Denn jeder, der den Namen des Herrn anruft, wird gerettet werden.
> RÖMER 10,9–13

Um das ganze Wunder des Evangeliums verstehen zu können, müssen wir uns das Kostbare des uns verschriebenen Medikamentes vor Augen führen. Jesus ist gestorben, damit wir leben. Jesus hat am Kreuz gelitten, damit er uns von unseren Wunden befreit. Wir haben bereits gesehen, wie die Suche des Menschen nach Erfüllung in nichts anderem als Gott selbst gründet. Die unermessliche Freude, die mit dieser Erfüllung verbunden ist, erinnert uns daran, dass es sich tatsächlich um eine »kostbare Perle« handelt.

Diese Perle ist aber auch in einer anderen Hinsicht kostbar. Es geht nicht nur darum, dass die Freude der göttlichen Erfüllung alles Materielle aufwiegt. Entscheidend ist, dass Jesus sterben musste, um diese Erfüllung möglich zu machen. Das kostbarste Geschenk auf Erden verlangte den Tod des Gottessohns. Er wollte sterben, damit wir zum Leben auferstehen und von unseren Wunden geheilt werden können.

Für die Christen ist aber Jesus nicht nur am Kreuz gestorben, sondern auch von den Toten auferstanden. Im nächsten Abschnitt werden wir sehen, dass Trost und Freude des christlichen Glaubens die Wiederauferstehung Christi einschließen.

15 Der Beginn eines neuen Lebens

Wenn wir das Geheimnis des Lebens verstehen wollen, müssen wir uns mit der Frage auseinander setzen, ob es etwas jenseits dieser Welt gibt, mit dessen Hilfe wir begreifen können, was unser gegenwärtiges Leben ausmacht. Dazu wollen wir abermals in jene kalte, feuchte und dunkle Höhle zurückkehren, deren Bewohner sich zitternd um das Feuer scharen, um sich zu wärmen. Schatten huschen über die Wände. Viele fragen sich, ob es wohl jenseits der Höhle, in der sie gefangen sind, eine andere Welt geben mag. Oft wird leise darüber gesprochen. Doch niemand weiß es. Vielleicht gibt es tatsächlich eine andere Welt außerhalb der Höhle – ein weites jenseitiges Reich, das es erst zu entdecken gilt. Aber niemand hat diese Welt je betreten und ist in die Höhle zurückgekehrt, um darüber zu berichten.

Einige Gefangene wollen beinahe aus der Höhle entkommen sein. Andere behaupten, sich einem geheimnisvollen Ausgang genähert zu haben, hinter dem sich eine offene schöne Landschaft erstreckte, die zum Betreten einlud. Doch sie konnten keinen Fuß in das Land setzen und anderen über dessen Aussehen und Gerüche berichten, geschweige denn beweisen, das Land tatsächlich betreten zu haben. Es hat zu viele falsche Anfänge, zu viele falsche Aussagen über die jenseitige Welt gegeben. Niemand weiß wirklich etwas. Man kann nur jemandem trauen, der dieses große jenseitige

Man kann nur jemandem trauen, der dieses große jenseitige Reich tatsächlich betreten hat und wieder zurückgekehrt ist, um darüber zu berichten.

Stell dir einmal vor, dass wir alle diese Dinge nur geträumt oder erfunden haben: die Bäume und das Gras und die Sonne und den Mond und die Sterne und Aslan selbst ... Ich könnte dir in diesem Fall nichts anderes sagen, als dass die erfundenen Dinge mir weitaus wichtiger sind als die wirklichen ... Wenn du Recht hast, sind wir wie kleine Kinder, die sich ein Spiel ausdenken. Aber vier spielende Kinder können sich eine Spielwelt erschaffen, vor der mir deine Welt hohl erscheint. Deshalb werde ich der Spielwelt die Treue halten. Ich stehe auf Aslans Seite, auch wenn es gar keinen Aslan gibt, der uns führt. Und ich werde, so gut ich kann, wie ein Narnier leben, auch wenn es gar kein Narnia gibt.
C. S. Lewis, *Der silberne Sessel*

Voll Glauben sind diese alle gestorben, ohne das Verheißene erlangt zu haben; nur von fern haben sie es geschaut und gegrüßt und haben bekannt, dass sie Fremde und Gäste auf Erden sind. Mit diesen Worten geben sie zu erkennen, dass sie eine Heimat suchen. Hätten sie dabei an die Heimat gedacht, aus der sie weggezogen waren, so wäre ihnen Zeit geblieben zurückzukehren, nun aber streben sie nach einer besseren Heimat, nämlich der himmlischen. Darum schämt sich Gott ihrer nicht, er schämt sich nicht, ihr Gott genannt zu werden; denn er hat für sie eine Stadt vorbereitet.
HEBRÄER 11,13–16

Reich tatsächlich betreten hat und wieder zurückgekehrt ist, um darüber zu berichten. Die anderen werden ihm folgen.

Viele interessieren sich heute für so genannte Schwellenerfahrungen. Für sie haben die Erlebnisse von Menschen, die beinahe gestorben sind, eine besondere spirituelle Qualität, weil die Betreffenden der Ewigkeit nahe gekommen sind und vielleicht einen Blick auf etwas erhascht haben, was sie für das Jenseits halten. Solche Menschen haben ihre Erfahrungen anderen mitgeteilt und diese damit in Aufregung versetzt. Sie scheinen im Besitz der schwer fassbaren Antwort auf das Geheimnis des Todes zu sein. Viele, die eine solche Schwellenerfahrung hatten, mussten feststellen, dass dieses Erlebnis ihr Leben von Grund auf veränderte, weil es sie davon überzeugte, dass es fast zum Greifen nah eine höhere geistige Wirklichkeit gibt, nach der auf die Suche zu machen sich unter allen Umständen lohnt.

Es gibt hier allerdings eine Schwierigkeit. Die Menschen, die solche Erfahrungen gemacht haben, sind nicht wirklich gestorben. Wir haben es nicht mit tatsächlichen Erfahrungen des Todes und dessen, was danach kommt, zu tun, sondern nur mit Annäherungen. Was immer solche Menschen gesehen

TRIPTYCHON DES TAGES
Gaetano Previati (1852–1920)

haben, haben sie aus einer gewissen Entfernung gesehen. Wenn es eine Welt nach dem Tode gibt, haben diese Menschen bestenfalls aus weiter Ferne einen Blick davon erhascht. Vielleicht hatte dieser Blick etwas von Moses' Vision des Gelobten Landes, der das verheißene Land am anderen Ufer des Jordan tatsächlich vor Augen hatte. Moses sollte dieses Land allerdings nie selbst betreten, doch es war ihm vergönnt, in dem Wissen zu sterben, dass es in Reichweite derer war, die ihm folgen würden. Doch vielleicht verhält es sich anders. Vielleicht haben wir es mit einem Traum, mit einer Täuschung zu tun, die eher einer Hoffnung entspringt, denn in der Wirklichkeit gründet. Es wäre möglich, dass Schwellenerfahrungen lediglich Kapriolen eines schwindenden Bewusstseins darstellen. Man könnte solche Erlebnisse mit den Erfahrungen der in der Höhle Eingeschlossenen vergleichen, die sich nach einer Welt jenseits der Schatten sehnen und deren Sehnsüchte allmählich von ihren Erfahrungen ununterscheidbar geworden sind. Die Sehnsucht wurde zur Wirklichkeit, auch wenn diese Wirklichkeit bloß ein tröstlicher Traum ist.

Jesus ist gestorben, um uns durch den Tod in die glorreiche Welt führen zu können, die sich dahinter eröffnet.

Doch was, wenn wirklich jemand stirbt und auf die Welt zurückkommt? Was, wenn jemand das Reich des Jenseits betritt und zu uns zurückkehrt, um uns mitzunehmen in dieses neue und wunderbare Reich? Damit kommen wir nun zur Kernfrage der Wiederauferstehung Jesu.

Die Autoren des Neuen Testaments unterstreichen sowohl die Wirklichkeit des Todes Jesu als auch jene seiner Wiederauferstehung. So heißt es etwa bei Paulus im großartigen letzten Abschnitt des ersten Korintherbriefes: »Denn vor allem habe ich euch überliefert, was auch ich empfangen habe: Christus ist für unsere Sünden gestorben, gemäß der Schrift, und ist begraben worden. Er ist am dritten Tag auferweckt worden, gemäß der Schrift, und erschien dem Kephas, dann den Zwölf.« (1 Kor 15,3–5) Man bemerke, dass die Betonung auf Tod, Begräbnis und Wiederauferstehung liegt. Paulus' Worte lassen keinen Zweifel daran, dass er feierlich anderen weitergibt, was ihm einst mitgeteilt wurde. Es geht also, anders gesagt, keineswegs um eine Erfindung, sondern um etwas, was man ihm anvertraut hat.

Jesus ist gestorben, um uns durch den Tod in die glorreiche

NOLI ME TANGERE
Im Stile Mantegnas

Der Herr der Heere wird auf diesem Berg
für alle Völker ein Festmahl geben mit den feinsten Speisen,
ein Gelage mit erlesenen Weinen,
mit den besten und feinsten Speisen
mit besten erlesenen Weinen.
Er zerreißt auf diesem Berg die Hülle, die alle Nationen
verhüllt,
und die Decke, die alle Völker bedeckt.
Er beseitigt den Tod für immer.
Gott, der Herr, wischt die Tränen ab von jedem Gesicht.
Auf der ganzen Erde nimmt er von seinem Volk die Schande
hinweg.
JESAJA 25,6–8

Welt führen zu können, die sich dahinter eröffnet. Wir gehen also voller Hoffnung und nicht voller Verzweiflung und Angst unseren Weg. Wer eine Schwellenerfahrung hatte, weiß nicht, ob er tatsächlich eine neue Welt betreten hat, ob er – was vielleicht noch wichtiger ist – im Jenseits willkommen sein wird. Das Neue Testament bietet uns diesbezüglich eine Perspektive, die weitaus positiver und wunderbarer ist. Jesus hat ja nicht nur die Schranke des Todes durchbrochen, damit wir vor dieser nicht länger Angst zu haben brauchen, sondern lädt uns auch ein, ihm zu vertrauen und dadurch »Bürger des Himmels« zu werden. Er kennt diese Welt nicht nur, kann uns nicht nur hingeleiten, sondern gibt uns auch die Gewissheit, dass wir im Jenseits willkommen sein werden – und zwar nicht als illegale Einwanderer oder Eindringlinge, sondern als Ehrengäste.

Zum Abschluss dieses Kapitels wollen wir noch auf das Bild des Festmahles zu sprechen kommen. Es handelt sich dabei um eines der Lieblingsbilder der Bibel für das Königreich Gottes, in dem verschiedene Fäden zusammenlaufen: an einem Ort willkommen geheißen zu werden und sich in Gesellschaft bedeutender Menschen bei Speise und Trank zu erfreuen. Am Ende des Neuen Testamentes wird genau dieses Bild aufgegriffen, wenn es heißt, dass die, die auf Jesus vertrauen und ihm nah sind, mit ihm im Himmel feiern werden (Offb 19,9).

Das Thema Hoffnung ist ein so wesentliches, dass wir ihm ein eigenes Kapitel vorbehalten haben.

16 Leben in Hoffnung

Eines der zentralen Themen des christlichen Evangeliums ist das Thema des ewigen Lebens. Dieser Begriff wird oft missverstanden und als »unendliche Ausdehnung allen Seins« interpretiert. Der tatsächliche Gehalt des Ausdrucks ist jedoch ein viel tieferer. Der Begriff bezeichnet »ein neues Leben, das jetzt beginnt und sich in der Zukunft vollendet und das nichts – nicht einmal der Tod – zerstören kann«. »Ewiges Leben« heißt, hier und jetzt in ein neues Leben eintreten, und das in der vollen Gewissheit, dass sich dieses neue Leben entwickeln und wachsen wird. Es geht hier um den Bezug zu einem wunderbaren, liebevollen Gott als Person, nicht als Idee. Gott ist jemand, über den wir nicht nur etwas wissen, sondern den wir auch kennen lernen können. Und vor allem ist Gott jemand, der uns liebt und dessen Liebe wir erwidern können.

Gott ist jemand, über den wir nicht nur etwas wissen, sondern den wir auch kennen lernen können. Und vor allem ist Gott jemand, der uns liebt und dessen Liebe wir erwidern können.

Jesus selbst betonte, dass Gottes Liebe wie die Liebe dessen ist, der sein Leben hingibt für seine Freunde (Joh 15,13). Dieses Bild Gottes, der sein Leben – sein ganzes Sein – für jemanden hingibt, den er liebt, ist ein besonders eindringlicher und bewegender Hinweis auf das Ausmaß seiner Liebe zu uns. Wir erinnern uns, wie sich Jesus voller Schmerzen nach Golgota hinausschleppte, um für die zu sterben, die er liebte. Er musste

DER ZUG NACH GOLGOTA
Ridolfo Ghirlandaio (1483–1561)

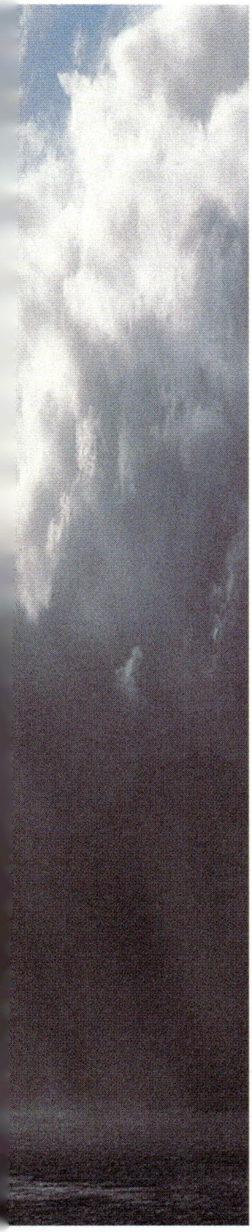

das nicht tun; er wollte es. Gott liebt uns nicht bloß; er zeigt uns seine Liebe durch sein Tun.

Inmitten eines riesigen und Furcht erregenden Universums gewinnen wir durch die Erkenntnis Bedeutung und Sinn, dass der Gott, der diese Welt und uns erschaffen hat, uns auch liebt und sich um uns sorgt, vom Himmel herabsteigt und sich kreuzigen lässt, um einer ungläubigen und staunenden Welt, zu der auch wir gehören, das ganze Ausmaß seiner Liebe zu zeigen.

Der Gott, der diese Welt und uns erschaffen hat, liebt uns und sorgt sich um uns: Er stieg vom Himmel herab und ließ sich kreuzigen, um einer ungläubigen und staunenden Welt das ganze Ausmaß seiner Liebe zu zeigen.

Am meisten fürchten wir uns vielleicht davor, jemanden so schätzen zu lernen, dass wir die Vorstellung, von ihm getrennt zu werden, nicht ertragen könnten. Diese Furcht hindert uns allerdings nicht daran, andere zu lieben und von ihnen wiedergeliebt zu werden. Bei dem viktorianischen Dichter Alfred Lord Tennyson heißt es einmal:

Besser geliebt zu haben und verloren,
Als nie geliebt zu haben überhaupt.

Der Tod erschüttert uns nicht zuletzt deshalb, weil er uns von denen trennt, die wir lieben. Man braucht fast ein ganzes Leben, um jemanden ganz kennen zu lernen. Wenn uns so jemand genommen wird, entsteht eine Leere, die sich nur schwer füllen lässt.

Doch Gott zu lieben und von Gott geliebt zu werden ist etwas, was einem durch nichts genommen, was durch nichts zerstört werden kann. Selbst der Tod beseitigt dann nur mehr die letzten Hürden, die uns daran hindern, ganz und gar zu Gott zu gehen.

Hier haben wir es mit einer der wichtigsten Facetten des christlichen Verständnisses von »Hoffnung« zu tun. Betrüblicherweise hat das Wort »Hoffnung« viel von seiner Bedeutung verloren. Die meisten Menschen verstehen unter Hoffnung kaum mehr als den

Die christliche Hoffnung ist eine, die alles gesehen und erlitten hat und dennoch nicht verzweifelt ist, weil sie an Gott glaubt. Die christliche Hoffnung ist keine Hoffnung auf den menschlichen Geist, auf menschliche Güte, auf menschliches Beharren, auf menschliche Leistung; die christliche Hoffnung ist eine Hoffnung auf die Macht Gottes.
WILLIAM BARCLAY,
BRIEF AN DIE RÖMER

Gott zu lieben und von Gott geliebt zu werden ist etwas ganz Wertvolles, etwas, was für alle Zeit Bestand hat.

halbherzigen Glauben an etwas, dessen Eintreten zu erwarten es eigentlich keinen Grund gibt – wie etwa in dem Satz: »Ich hoffe, dass das Wetter besser wird.« Das christliche Verständnis des Begriffs ist ein ganz anderes. Im eigentlich christlichen Sinn bezeichnet Hoffnung die gewisse und zuversichtliche Erwartung, dass das uns Versprochene einmal in all seiner wunderbaren Pracht erblühen wird. Wir haben es hier mit einem entscheidenden positiven Motiv zu

Im Grunde hängt alles von der Anwesenheit oder Abwesenheit eines einzigen Moments in der Seele ab: der Hoffnung. Alle Handlungen des Menschen, alle seine Bemühungen und Unterfangen setzen voraus, dass es die Hoffnung in ihm gibt, sein Ziel zu erreichen. Sobald man diese Hoffnung tötet, werden die Bewegungen sinnlos und krampfhaft wie bei jemandem, der aus großer Höhe in die Tiefe stürzt.
HENRI FRÉDÉRIC AMIEL, *INTIMES TAGEBUCH*

tun, das die Verlässlichkeit und Vertrauenswürdigkeit jenes Gottes unterstreicht, der uns Verheißungen macht.

Wir alle brauchen etwas, auf das wir uns verlassen, etwas Unerschütterliches und Gewisses, auf das wir bauen können; es macht wenig Sinn, unser Leben auf Werte oder Glaubenssätze zu gründen, die nach fünf Jahren keine Gültigkeit mehr haben. Gott ist ein solches unerschütterliches und beständiges Fundament für unser Leben. Im Buch der Psalmen wird Gott als Fels, als Festung, als mächtiger Turm bezeichnet – als jemand, bei dem wir Sicherheit, Beständigkeit und Frieden finden. Der Verfasser der Psalmen sieht Gott als Trost und Beistand und Stärke, und das auch in den dunkelsten Augenblicken unseres Lebens, wenn wir »in finsterer Schlucht« wandern (Psalm 23,4). Gott zu lieben und von Gott geliebt zu werden ist für die Autoren des Neuen Testaments etwas ganz Wertvolles, etwas, was für alle Zeit Bestand hat. Bei Paulus heißt es dazu:

Denn ich bin gewiss: Weder Tod noch Leben, weder Engel noch Mächte, weder Gegenwärtiges noch Zukünftiges, weder Gewalten der Höhe oder Tiefe noch irgendeine andere Kreatur können uns scheiden von der Liebe Gottes, die in Christus Jesus ist, unserem Herrn. (Röm 8,38–39)

Für Paulus ist »Christus das Leben, und das Sterben Gewinn« (Phil 1,21). Seine persönliche Beziehung zu Gott in Jesus ging ihm über alles andere, war ihm etwas für alle Zeiten Gewisses. Er hatte etwas gefunden, was ihn voll und ganz erfüllte, was ihn voll und ganz befriedigte – was ihm nie genommen werden würde, nie genommen werden konnte.

17 Das Ziel allen Sehnens

Wir haben unsere Betrachtungen mit einem Blick auf das menschliche Sehnen begonnen. Dabei sind wir zu der Erkenntnis gelangt, dass diese Leere im Menschen einen Schlüssel zur wahren Bedeutung der Welt darstellt. Es ist, als ob sich einen Augenblick lang ein Vorhang zur Seite schiebt und einen verlockenden Blick auf ein entferntes und wunderschönes Land freigibt und wir mit dem schmerzlichen Verlangen zurückbleiben, dieses Land betreten zu wollen.

Wenn alles gesagt und getan ist, wird man uns auffordern, uns eine Welt vorzustellen, die an Schönheit und Wunder alles uns Bekannte übertrifft, und wir werden eingeladen werden, diese Welt zu betreten und zu erkunden.

Dieses Buch hat eine Antwort auf die Frage des menschlichen Sehnens formuliert, die Millionen Männer und Frauen im Lauf der Geschichte als zutiefst befriedigend empfanden. Sie beruht auf der Einsicht, dass unsere Sehnsucht sich insgeheim auf etwas richtet, was nicht von dieser Welt ist, uns aber durch die Dinge dieser Welt vermittelt wird. Die Sehnsucht kann sich irrigerweise an Dingen dieser Welt festmachen. Enttäuschungen stellen jedoch diese Orientierung am Diesseits in Frage und

Denn der Garten ist der einzige Ort, den es gibt, aber du findest
ihn nicht,
bis du ihn überall gesucht und nichts gefunden hast, was nicht
Wüste ist.
Das Wunder ist das einzige Ereignis, das sich vollzieht, aber dir
wird es nicht offenbar,
bis alles Geschehen geprüft ist und nichts geschieht, was du
nicht erklären kannst.
Das Leben, dein Schicksal, zwingt dich, nein zu sagen, bis du
einwilligst zu sterben.
Deshalb sieh, ohne zu schauen, höre, ohne zu horchen, atme,
ohne zu fragen:
Das Unvermeidliche ist, was aussieht, als geschähe es dir rein
zufällig.
Das Wirkliche ist, was du als vollkommen sinnwidrig von dir
weist.
Außer wenn du sicher bist zu träumen, träumst du gewiss,
außer wenn du rufst: Hier ist etwas falsch, geschieht ein
Irrtum.

W. H. AUDEN, AUS »HIER UND JETZT«

fordern uns auf, uns auf die Suche nach dem wahren Ziel unseres Sehnens zu machen.

Was ist also dieses wahre Ziel? Wie können wir es finden? Für die Griechen gab es einen »unbekannten Gott« jenseits allen Wissens. Für das Neue Testament hatte sich dieser Gott aber dazu entschlossen, sich den Menschen zu erkennen zu geben. Die »kostbare Perle«, die zu besitzen so ungemein wertvoll ist, wurde uns durch den Tod Jesu zuteil. Das »Brot des Lebens«, das allein unser Verlangen nach Sinn und Unsterb-

JESUS CHRISTUS WIRD
VON ENGELN BEWIRTET
Baldassare Franceschini
(1611–1689)

lichkeit zu stillen vermag, hat sich uns offenbart – als Geschenk. Die Salbe, die unsere Wunden heilen kann, steht für uns bereit.

Vielleicht ähneln wir Gertrude in dem Roman von André Gide. Vielleicht sind uns bestimmte Glaubensbegriffe wie etwa »Erlösung« oder »Himmel« zu Ohren gekommen. Vielleicht hat man versucht, uns die Freude und Befriedigung zu beschreiben, die einen überkommt, wenn man Gott kennt. Werden wir einer Welt ansichtig werden, schöner, als wir je zu träumen gewagt haben? Wenn alles gesagt und getan ist, wird man uns auffordern, uns eine Welt vorzustellen, die an Schönheit und Wunder alles uns Bekannte übertrifft, und wir werden eingeladen werden, diese Welt zu betreten und zu erkunden. Wenn uns die Schöpfung schon solche Freude bereitet, wie viel größer wird dann die Freude sein, die uns durch ihren Schöpfer zuteil wird.

Blaise Pascal meinte, dass die Suche des Menschen nach Glück und Erfüllung auf ein uneingestandenes Sehnen des Menschen nach Gott verweise, das in der einfachen Tatsache gründe, dass

Doch soll behalten er den Rest,
Behalten ihn mit ruh'los Sehnen –
Reich und überdrüssig, sodass,
Wenn Herzensgüte nicht, dann Überdruss
Ihn wirft an meine Brust.
GEORGE HERBERT,
AUS »DER FLASCHENZUG«

wir dazu bestimmt sind, eine Beziehung zu Gott herzustellen. Des Menschen Sehnsucht nach Erfüllung und seine Verzweiflung über die scheinbare Sinnlosigkeit der Welt ergeben im Lichte unseres wahren Sehnens nach Gott einen Sinn, auch wenn wir das nicht erkennen können.

Worauf sonst sollten Sehnen und Hilflosigkeit verweisen als darauf, dass es einmal in jedem Menschen ein wahres Glück gab, von dem nur ein leeres Bild, eine Spur blieb? Diesen Mangel versuchen wir vergeblich mit dem, was uns umgibt, auszufüllen, indem wir in Dingen, die es nicht gibt, die Hilfe suchen, die wir nicht in den Dingen finden können, die es gibt. Doch nichts davon kann wirklich etwas ändern, weil dieser unendliche Abgrund der Leere nur mit etwas gefüllt werden kann, was selbst unendlich und unveränderlich ist: nur mit Gott selbst. Gott allein ist unser wahres Gut. Für Pascal gibt es in uns eine von Gott hergestellte Leere, die nur Gott füllen kann. Wir können es auf andere Weise und mit anderen Dingen versuchen. Doch es gehört zu den wenigen Gewissheiten des Lebens, dass nichts in dieser Welt unser Sehnen nach etwas zu stillen vermag, was letztlich nicht von dieser Welt ist. »Wenn wir unser Sehnen nach dem Unendlichen auf die engen Grenzen des Endlichen zu beschränken versuchen, wenn wir eine Sache oder ein holdes Gesicht lieben, als ob diese uns Gott geben könnten, endet das damit, dass uns das, wofür wir uns entschieden haben,

Letztendlich kann nur Gott unsere Sehnsucht stillen – eben weil wir dazu bestimmt sind, eine Beziehung zu ihm herzustellen.

unter unseren Augen zerbröckelt und nichts davon zurückbleibt als ein Häufchen Staub in unseren Händen« (Jean Mouroux). Letztendlich kann nur Gott unsere Sehnsucht stillen – eben weil wir dazu bestimmt sind, eine Beziehung zu ihm herzustellen und uns an seiner Gegenwart zu erfreuen.

Bis dahin werden unsere Herzen keine Ruhe finden, wird uns der Schmerz des Verlangens nicht loslassen. Das Bild des Exils scheint mir diesen Zusammenhang von Verlangen, Erwartung und Erinnerung treffend zu veranschaulichen. Wir gleichen Menschen, die man aus einem Land weggebracht hat, das sie kennen und lieben, und die sich danach sehnen, dorthin zurückzukehren. Doch das Lösegeld für unsere Freilassung aus der Gefangenschaft wurde bereits bezahlt, und die Rückkehr ist

Dann sah ich einen neuen Himmel und eine neue Erde; denn der erste Himmel und die erste Erde sind vergangen, auch das Meer ist nicht mehr. Ich sah die heilige Stadt, das neue Jerusalem, von Gott her aus dem Himmel herabkommen; sie war bereit wie eine Braut, die sich für ihren Mann geschmückt hat. Da hörte ich eine laute Stimme vom Thron her rufen: Seht, die Wohnung Gottes unter den Menschen! Er wird in ihrer Mitte wohnen, und sie werden sein Volk sein; und er, Gott, wird bei ihnen sein. Er wird alle Tränen von ihren Augen abwischen: Der Tod wird nicht mehr sein, keine Trauer, keine Klage, keine Mühsal. Denn was früher war, ist vergangen.
OFFENBARUNG 21,1–4

uns gewiss. Wir sind nicht dazu bestimmt, Gefangene dieser Welt der Zeitlichkeit und des Leidens zu bleiben. Die vergänglichen Schönheiten und Freuden dieser Welt verweisen uns auf eine andere, auf ein neues Jerusalem. Bis dahin leben und arbeiten wir in dieser Welt. Aber wir tun es in dem Wissen, dass wir auf dem Weg nach Hause sind, und empfinden bereits Freude über Rückkehr und Ankunft.

Im Grunde gibt es zwei Einstellungen zum Leben. Wir können es als sinnlos ansehen: Dann können wir bloß versuchen, das Beste daraus zu machen, anderen zu helfen, denen es nicht so gut geht, und uns davon abzulenken, dass alles keinen Zweck hat. Oder wir können das Leben als wunderbares Geschenk verstehen – das aber auf etwas anderes verweist, das noch wunderbarer ist und erst kommen wird. Selbst in diesem Leben leuchten immer wieder Hinweise auf diese in Aussicht gestellte Zukunft auf, die uns einen Eindruck dessen vermitteln, was vor uns liegt. Es gibt ein Leben jenseits der Höhle der Schatten – ein Leben, das noch viel schöner ist, als wir es zu hoffen wagten.

Alister McGrath ist Dekan des theologischen Seminars Wycliffe Hall an der Oxford University, wo er auch Geschichte der Theologie lehrt. Er studierte an den Universitäten von Oxford und Cambridge und war längere Zeit anglikanischer Pfarrer in Nottingham, ehe er als Professor an die Universität zurückkehrte. Er ist Autor zahlreicher viel gelesener Bücher.

TEXTNACHWEIS

Alle Zitate aus der Heiligen Schrift sind der folgenden Ausgabe entnommen: Die Heilige Schrift, Einheitsübersetzung, 8. Auflage, Stuttgart, Verlag Katholisches Bibelwerk 1981

Seite 117: Auszug aus W. H. Auden: *Hier und jetzt. Ein Weihnachtsoratorium*, übers. v. Hanno Helbling, ©Pendo Verlag, Zürich 2000

BILDNACHWEIS

Seite 6: Felsen im Meer: Tony Stone Images.
Seite 9: *Der Antiquitätenhändler*, von Heinrich Ede (1819–85): SuperStock Ltd.
Seite 15: Bergkette: Telegraph Colour Library.
Seite 16: *Das Paradies*, aus einem Buch über die Sieben Weltwunder: Bibliothèque Royale de Belgique, Brüssel/Bridgeman Art Library, London/New York.
Seiten 18–19: Dünen: Phillip Ritterman/The Image Bank, 1998.
Seite 25: *Der hl. Augustinus*, ca. 1320 (Eitempera und Gold auf Tafel), von Simone Martini (1284–1344): Fitzwilliam Museum, University of Cambridge/Bridgeman Art Library, London/New York.
Seite 29: *Der hl. Thomas von Aquin lesend*, ca. 1510–11 (Fresko), von Fra Bartolomeo (1472–1517): Museo di San Marco dell'Angelico, Florenz/Bridgeman Art Library, London/New York.
Seite 31: Felsenhöhle: James Casebere/The Image Bank, 1998.
Seite 35: *Die Beschaffenheit des Menschen* (1935) (Öl auf Leinwand), von René Magritte (1898–1967): Norfolk Museums Service (Norwich Castle Museum)/Bridgeman Art Library, London/New York/© ADAGP, Paris, und DACS, London, 1999.
Seiten 38–39: Das Matterhorn: Images Colour Library.
Seiten 44–45: Sonne durch Baumkronen: Images Colour Library.
Seite 45: *Der hl. Paulus*, ca. 1730, Italienische Schule (18. Jhdt.): Phillips, The International Fine Art Auctioneers/Bridgeman Art Library, London/New York.
Seite 46: *Die kostbare Perle*, von Domenico Fetti (1589–1624): SuperStock Ltd.

Seite 49: *Der Reiche wird in die Hölle geführt*, von David Teniers dem Jüngeren (1610–90): © The National Gallery, London.
Seite 51: *Der Verrat des Judas*, von Giotto di Bondone (1266–1337): SuperStock Ltd.
Seite 52: Die Iguaçu-Fälle: The Image Bank.
Seite 55: Toskana: Images Colour Library.
Seite 56: *Piazza d'Italia* (Öl auf Leinwand), von Giorgio de Chirico (1888–1978): Art Gallery of Ontario (Schenkung von San und Ayala Zacks, 1970), Toronto/Bridgeman Art Library, London/New York/©DACS 1999.
Seite 60: *Die Stimme des Herrn*, von James Tissot (1836–1902): SuperStock Ltd.
Seite 62: Treppe zu hellem Torbogen: Mary Heller/The Image Bank, 1998.
Seite 67: *Der hl. Paulus predigt in Athen*, von Raffael: The Ancient Art and Architecture Collection.
Seite 69: Felsen: ©Shooting Star/Photonica.
Seite 70: Der Mohonk-See: Julie Mihaly/The Image Bank, 1998.
Seite 73: *Hagar reicht Ismael Wasser von der wundersamen Quelle in der Wüste*, von Charles-Paul Landon (1760–1826): SuperStock Ltd.
Seite 74: Stromschnellen: The Image Bank.
Seite 77: *Die Kreuzigung*, von Diego Rodriguez de Silva y Velázquez (1599–1660): Prado, Madrid/Bridgeman Art Library, London/New York.
Seite 80: Wegweiser: Nicholas Rous.
Seite 84: Sonne: SuperStock Ltd.
Seite 88: *Maria und der hl. Johannes beweinen Christus*, 1614/15 (Tafelbild), von Peter Paul Rubens (1577–1640): Kunsthistorisches Museum, Wien/Bridgeman Art Library, London/New York.
Seite 91: *Das Volk Israel wird aus Ägypten geführt* (Öl auf Leinwand), von Samuel Colman (1780–1845): Birmingham Museums and Art Gallery/Bridgeman Art Library, London/New York.
Seite 94–95: Allee: The Image Bank.
Seite 100: Felsengrotte: Tony Stone Images.
Seite 103: *Triptychon des Tages*, von Gaetano Previati (1852–1920): SuperStock Ltd.
Seite 105: *Noli me tangere*, im Stile Mantegnas: ©The National Gallery, London.

Seite 109: *Der Zug nach Golgota*, von Ridolfo Ghirlandaio (1483–1561): ©The National Gallery, London.
Seite 110: Fels: Tony Stone Images.
Seite 113: Festungsmauer, Marvao, Portugal: Superstock Ltd.
Seite 118: *Christus wird von den Engeln bewirtet*, 1650 (Fresko), von Baldassare Franceschini (Il Volterrano) (1611–1689): Museo della Pittura Murale, Prato/Bridgeman Art Library, London/New York.
Seite 123: Allee: Telegraph Colour Library.